# 这样陪孩子写作业才有效

王莉◎著

作家出版社

# 目录 ←———

引言

# 作业万花筒

据报道，有的家长为了陪孩子写作业，突发心梗放了两个支架。

很多网友在网上发帖，看上去不知道是该笑还是该哭。

有的家长说："我每次辅导作业都会抓狂，然后给娃一顿胖揍。这时他爸出现了，再然后他俩你好我好，异口同声地说：'妈妈走开！'我忍气走开，过了两分钟就听到他爸喊我：'妈妈！去找个衣架给我！TMD！'然后我会心地走去找衣架。"

还有的说："正在陪写作业，老师让十分钟做完五十道十以内的加减法，包括写名字，这货三分钟过去了，还在把名字写了擦，擦了写，想吼硬是憋着，快内伤了。"

站在一个骄傲的教育人的角度，我真的想说：看，老师多么伟大！各位家长陪一个或者两个娃写作业，就是崩溃的边缘，而老师把你们这些需要拿命换的娃都管理得妥妥帖帖。我骄傲，我是老师！

站在一个理解家长的老师的角度，我想说：伟大的爸爸妈妈们，你们袒露的是真情，我很理解你们的不易。

无论是校内的作业，还是校外的作业，一旦课业成为孩子的全部，孩子就会调动自己的身体免疫系统，不自觉地用各种方式来保护自己：

一、身体有莫名其妙的不舒服。

有的孩子性格比较懦弱，面对家长无休止的催促、批评、不满，尤其是家长强势，自己又不敢辩驳。但是因为太累了，不愿意写作业，需要更多的时间休息和调整，所以身体开始控制大脑，表现出各种疾病状态，头疼、肚子疼是孩子们经常表现出的身体不适的情况。但是去医院又没有明显的病理表现。还有的孩子会表现出发热、食欲下降等身体不适。这些就是孩子因为过于疲劳造成的身体自我机能的反抗。

小俊今年上一年级，一双大大的眼睛，长得特别卡通。他性格平和，天性爱笑，上学前家里的亲朋好友都喜欢逗他几句。接受了一年的学前教育，三天打鱼两天晒网，经常迟到早退，被家里人带着到处去玩。可以说，上学前的小俊生活自由自在，享受所有人的宠爱。而上学后的小俊开始苦恼了！

上课的时候，如何听讲，如何看老师，如何发言，如何坐，甚至上卫生间都有明确的要求。散漫惯了的小俊，有了一些不适应。更可怕的是，因为老师每天布置作业，一向温柔的妈妈变了，一向和他开玩笑的爸爸也变了。比如老师布置的作业是拼读十个音节。小俊刚想起声母念什么，又忘了韵母的读音，好不容易凑齐了声母和韵母的发音，韵母的三声又忘了。妈妈最初还有耐性，帮着他从一声开始回忆，但是拼到第四个的时候，妈妈的声音不仅升高了，眉头也开始拧紧了，大声地吼上一句："三声 ǎng！"小俊扑闪着大眼睛就想哭。

接下来，奇怪的事情发生了。老师会在小俊上课的时候给家长打电话："孩子说他肚子疼，您要不过来接他一下？"妈妈接走了，因为也说不出是哪里难受，妈妈在家看护半天并没有去医院就医，第二天继续上学。但是隔上三五天，妈妈还是会接到老师同样的电话。

而且，从此以后，在家里写作业的时候，小俊刚做几道数学题，就会说："妈妈，我肚子疼。"毕竟孩子的健康是第一位的，停下作业，妈妈开始采取各种措施减轻肚子疼痛。

后来妈妈也带小俊去医院做了全面的检查，检查结果都是正常。

为什么小俊会肚子疼呢？这种疼痛不是病理上的，而是孩子精神上的。因为，小俊在做作业的过程中，丧失了以往的快乐。他无法用行动来对抗妈妈的辅导，更不能达到其他优秀同学的标准，他的情绪开始干扰自己的身体，用身体的疾病来换得家人对他的呵护，从而逃避写作业的痛苦。

### 二、做事磨蹭，浪费时间。

写作业让家长觉得最痛苦的就是孩子无休止地磨蹭。家长常说的一句话就是："三分钟的事他能干一个小时"，对孩子的无奈和不理解，让家长抓狂和痛苦。可是孩子却因为磨蹭，为自己争取到了更多的休整和娱乐时间，很多孩子在磨蹭的时候，会因为一个书角、一缕阳光、几根头发，甚至因为橡皮擦出的碎屑玩上一个小时。因为他们不能堂而皇之地去玩乐高，也不能动 iPad，更不能舒舒服服地看电视，或是和小朋友到楼下疯跑。他们只有靠磨蹭给自己争取一点娱乐的时间。

小欣今年三年级，在她上学的这两年半中，妈妈每天都异常紧张，几乎遗忘了小欣的存在给家庭带来的快乐，小欣的优点似乎一下子消失得无影无踪，甚至有的时候，妈妈怀疑自己是不是抱错了孩子？

小欣最大的问题就是"磨蹭"。从上学的第一天开始，磨蹭就成了她的一个标签，也成了妈妈最大的心病。放学的时候，其他小朋友都走出校门了，小欣的影子还没看到，因为她收拾书包太慢了。做事慢，写作业更慢。每天放学的时候，老师都会单独拉着小欣的手，手把手地交给妈妈，告诉妈妈，她在学校哪些任务没有完成。所以，回到家里小欣先要完成在学校的任务，又要完成在家里的任务，真的应了那句话"一步慢，步步慢"。别的小朋友放学可以玩上个把小时，而小欣只能在家里不停地补作业、写作业。这样恶性循环之后，小欣的作业尽管每天都写完了，但是都要熬到很晚。小欣的磨蹭也更严重了。

小欣是怎么一步步地越来越磨蹭的呢？

小欣是一个很内向的姑娘，不爱说话。从学校回到家里，也不会和妈妈喋喋不休地说学校里的事情。妈妈让拿出语文书，根据老师的安排读书三遍，可是一篇不到三十字的课文，小欣读完一遍要二十几分钟。在读的过程中，妈妈的催促声"快点，快点"一直充斥着小欣的耳朵。

第一个字她认识，读出来后要拉很长的声音再读第二个字，因为第二个她不认识。要是妈妈告诉她了，她还会顺利地往下蹦出第三个字。但是如果这个时候，妈妈恰巧在给她收拾铅笔盒，或者整理书包。小欣就开始玩自己散落下来的头发，这短暂的几秒钟的无声，有的时候妈妈也忽略了，但是一旦意识到声音没有了，就又会催小欣"快点！"。小欣就会把前边两个字再拉长声读一遍，直到蹦到第四个字，继续等着妈妈的辅导。只要妈妈有一点走神，小欣就会开始捋自己的头发。

很明显，小欣的磨蹭缘于她对知识掌握得不牢固，那些别人读来朗朗上口的课文，对她来说，就是异常困难，如同自己要从万丈深渊中爬上来一样。

随着知识学习的深入，小欣不懂的、不会的问题越来越多，要是赶上写句子、默写那就简直是一场灾难。而对于小欣来说，玩、放松也似乎成了一个童话。她不再期望自己能够像其他小朋友一样，在小区里跑上一会，写作业的时候玩玩头发就满足了。

磨蹭的原因自然有很多，但是小欣这种因为能力弱，又缺乏正确的引导，而形成的自我慰藉型的磨蹭，是具有普遍性的。

三、不愿意说话。

很多家长都发现，孩子平时叽叽喳喳，特别是不想让他说话的时候，就是一个话痨。一旦写作业遇到问题的时候，立刻变成了哑巴，无论家长问了多少遍"听懂了吗？"就是不吭声。家长经常被这种安静气得抓狂，想打孩子一顿。但是无论家长怎么怒火中烧，孩子就是以无言对抗一切。因为孩子发现，无论自己说什么，最后都要回到"快写作业"这个话题上，与其提高这个速度，不如通过闭口来拉慢它，而且多次的较量之后，孩子的无声总会战胜家长的有声。在不断的较量和探索中，进入高年级，孩子更不说话了。

小春今年上三年级，她是一个非常漂亮的小女孩，但是在学习上却一直表现得不漂亮，成绩一直在班级末尾，因此，除了完成老师布置的作业，妈妈还会给小春单独布置家庭作业，这些作业多数以妈妈到处购买的练习卷子为主。妈妈的工作和教育一点关系都没有，所以卷子上的内容妈妈并不知道适不适合小春。妈妈只是觉得，只要多写就会有帮助。自然妈妈补充的作业，也需要自己批阅和讲解。写的时候，小春还很配合，不管多少，都会按照妈妈布置的数量完成，但是讲的时候，就成了妈妈的心魔——因为小春总是不回应她。

比如：一部 8 集儿童电视剧播放时间共 336 分钟，平均每集播放多长时间？

小欣能够根据题目的含义正确地列出算式：336÷8，问题是小春不会计算结果。妈妈问她：百位上的 3 有 8 吗？小欣半天不说话，因为她觉得 3 在百位上，应该是 300，300 怎么没有 8 呢？可是妈妈却说没有 8。小春要是说"有"，妈妈一定又生气，可是说"没有"，她觉得是错的。妈妈问了小春几遍，小春都不说话，最后妈妈无奈地告诉她："这个 3 里边没有 8，我们就要看前两位的 33，33 里有没有 8？"小春的脑子还是在想，到底是多少个 8 呢？依然不吭声。妈妈更无奈了，告诉她：33 里边有 4 个 8。整个过程都是妈妈自说自话，这样的情况很多。

我们很清楚，小春不说话，不是自己没有动脑子、没有想法，而是她的想法和妈妈的想法不一样，一旦她表达了自己的想法，一定会遭到妈妈的批判。这个结论是小春在多次和妈妈一起写作业过程中，总结出来的。而一旦自己提出反对的想法，妈妈就会更生气，更着急，甚至让她做更多的题。还不如闭上嘴巴，顺从地完成一切。

而妈妈并没有及时了解小春的想法，只是觉得，当孩子提出和自己不一样的观点时，是孩子学习不用心、不过脑子等学习态度的问题，而不会去思考是学习结果的差异问题。纠正成了妈妈的辅导重点，两条在不同轨道上行走的列车也就越开越远了。

　　任何孩子的闭口都是有一个过程的，家长长期的否定和批判让孩子们学会了更好的自我保护，也掌握了更好的应对方法。都说沉默是金，在写作业过程中，某种程度的沉默真的很有效果。

　　四、家里家外的表现不同。

　　这样的孩子也很有代表性，在外面的时候活泼可爱，开心得像只小鸟；回到家里，一写作业就立刻变得安静和沉默。妈妈们往往会说："刚才的闹劲哪里去了？现在变成哑巴了？"因为孩子非常清楚，刚才是娱乐，是快乐的事情；现在是写作业，是痛苦的事情。亲爱的家长们，我们必须要明确写作业不是什么快乐的事情。有个别学生会把写作业当作一种乐趣，这样的孩子很少很少，如果您家恰恰有这样的孩子，那真的是恭喜您！而大多数孩子是普通的，是把玩作为第一选择的。他们不知道自己的学习和未来之间有什么关系，也不懂得名校和普通学校的差别。他们所能感受到的就是写作业很累，玩很快乐。

　　小俊今年三年级，是一个非常聪明的孩子。他逻辑清晰，爱看书，知识面也很宽，从小练习书法，写得一手漂亮字，是一个很有潜力的孩子。老师经常说，小俊天生就是一个科学家，要好好珍惜这个超强大脑。小俊爱看书，爱说话，就是不爱写字。每天哪怕作业只有十个字，他也会磨蹭上一个小时。

　　周末老师布置了观察日记，希望孩子记录一下所居住小区春天的样子。周六一大早，小俊就在家里喊着："今天老师让观察小区的春天，我要去找春天。"爸爸妈妈当然要支持老师的工作、孩子的学习，而且对于儿子的学习热情也感到非常欣慰。

到了楼下，树叶是否发芽了，小俊根本不感兴趣。他看到了同龄的小伙伴在遛狗，一下子兴奋起来。小俊也喜欢小动物，但是妈妈对狗毛过敏，家里不能养宠物。今天终于有机会借助老师布置的作业，和小伙伴一起玩玩小狗了，这是一件多么开心的事情呀。

半个小时后，妈妈下楼找小俊，让他回家练琴，小俊说："妈妈，我还没有观察月季花呢。秋天的时候，老师带着我们看了月季花，春天的我还没观察。"为了敷衍妈妈，小俊开始认真地观察月季花。刚看到月季棕红色的小芽，就被月季花下的一条小毛虫吸引了，拿了一根小棍开始逗小虫子。

总而言之，小俊在小区里观察了两个小时，最后还是被妈妈强行拉回家。回到家，妈妈说："你赶紧写作业，写完我们回姥姥家。"小俊听到这个安排很开心，开始动笔写观察日记。可是刚写了一个字——小，就被桌子上没看完的课外书吸引了。过了半个小时，妈妈来到小俊房间问："你写完了吗？"发现他只写了一个字，妈妈的眉头开始拧紧，"小俊，你怎么回事？"小俊知道自己不对，赶紧低头一笔一画地写字。可是因为刚才并没有观察花草树木的变化，小俊立刻觉得大脑里没有了词汇，好在他平时看书多，东拼西凑也不会太难，老师又没有来过自己的小区，怎么会知道是有玉兰花还是月季花？妈妈尽管有些生气，但看到他低头写字了，就走开了。当妈妈离开后，小俊又想起刚才的小虫子，开始在本子上画那条小虫子，一边画一边想：这是什么虫子呢？

可想而知，这份对于小俊来说很简单的作业，他可以从早上写到晚上。谁也无法想象一个聪明的孩子会有如此的表现，玩的时候生龙活虎，但是一到自己应该完成的作业上，就会推三阻四。这样的孩子，是具备学习能力的，但是学习态度不够端正，责任感的缺失，让他把作业当作一种负担，导致能力和结果的不匹配。

这样的孩子很多见，经常会听到家长这样评价自己的孩子："我家娃很聪明，就是不爱学习。"而家长所谓的聪明，是指孩子在游戏过程中表现出来的灵活性，在正常交际中表现出来的交流能力，在一些动手实践中表现出来的操作性。但是一旦到了写作业这件事上，就状况百出。

　　······

　　为什么孩子会出现以上状况呢？作为家长应该怎么应对呢？

第一章

常见鸡飞狗跳
问题见招拆招

# 不会整理书包怎么办

很多家长一直被一个问题困扰着：作为家长，应不应该陪孩子写作业？我个人认为，作业是孩子自己的事情，应该让他独立去完成。但是，这要建立在孩子有足够的能力和养成好习惯的基础上。

小源刚刚进入一年级，是一个虎头虎脑的小家伙，满脸的真诚与憨厚，非常讨人喜欢。小源属于男孩子里比较听话的那种，他不会大嚷大叫，更不会追跑打闹。有这样的孩子，做妈妈的确实省心不少。

开学几周后，小源的问题就逐渐暴露出来。

学具总是准备不全。低年级小朋友需借助学具理解知识的内容很多。比如建立加法的概念，老师们上课就要借助小棒、卡片，几乎每天数学课都要有学具的准备。而每天上课前老师检查学具的时候，小源不是小棒根数不够，就是卡片没带，最初老师会用自己的教具给小源补齐，并且和蔼地告诉孩子：小源要准备好学具，才可以上课呀。小源也是睁着大眼睛表示理解老师的意思。

可是连续多日都是这种情况。老师就很严肃地告诉小源：必须准备学具！小源知道自己错了，低着头不敢看老师。放学的时候，老师还特意和家长交流了这件事情。第二天小源的学具全了，第三天学具又不全了，第四天依然不全。老师下课就通过微信把这种情况告诉家长，希望家长能够督促小源每天准备好学具。家长表示一定督促落实。但是小源的情况并没有改善。

这是什么原因导致的呢？原来小源的妈妈在开学前告诉小源：你上学了，就是大孩子了，自己的事情要自己做。从此，孩子在家里是独立完成老师布置的所有任务。可是小源上幼儿园的时候，每天的小书包是奶奶给收拾的。小源知道妈妈说的自己的事情自己做的意思，但是他每天收拾书包的时候，如果妈妈问："你学具准备好了吗？"小源想起小棒还没放，就会赶紧装进去；如果妈妈不问他就会忘记。

妈妈对小源的培养理念很好，放手让孩子独立成长。但是孩子从没有管理过书包，短时间内是否具有管理书包的能力？

我先讲讲我是怎么带着学生从一年级到三年级做卫生的。上学前有多少学生在家里帮助家长扫地、拖地呢？在我接触的学生中很少。学校每天至少需要两次做值日呀！孩子不会做！这个问题怎么解决？

方案一：直接布置给学生，学生自己探索着做值日。出现的问题：值日时间长，做得效果差。有的班级打扫教室需要半个小时甚至更长时间。

方案二：老师打扫为主，学生打扫为辅。既然孩子小，老师就要亲自上阵，孩子们做些力所能及的摆桌椅、擦黑板的工作。师生配合，效果很好。随着时间的推移，孩子看多了自然就学会了。出现的问题：学生的劳动能力没有得到最大化的培养，老师辛苦；孩子需要长时间地模仿才可以达到独立扫地的目的。

方案三：利用专时教孩子扫地的方法。每天固定时间讲解扫地的方法。从尝试开始，先让学生自己报名展示扫地的方法；同学进行评价，评出哪种扫地的方法好；总结方法，老师适当地补充；最后亲身体验，落实方法。逐步熟练方法后布置练习扫地的家庭作业。

我就是采取的方案三，在反复演示的情况下，同学们逐渐发现，根据我们所用扫把的特点，倒退着扫更好，也就是从教室后边开始，屁股对着教室的前方，退着扫。握扫把的手，要一上一下错开，不可以握在

这样陪孩子写作业才有效

一起。身体要略弯，站得太直不容易用力。扫的时候要平行扫三次，即左边一下，中间一下，右边一下。

孩子们在班上学习动作的时候，有几个同学表现得特别突出，我就让他们把自己的扫地过程录制视频发到班级微信群，成为全班学习的教材。通过训练成功的孩子，上传视频，老师点赞评价。

分解扫地动作之后，再根据每个孩子的身高、动手能力、劳动配合能力等特点，按岗分配任务。每组都规定专人打扫，包括摆桌椅，擦黑板、窗台，整理书架。都是责任到岗。

第一次以组为单位进行值日，我会细致观察哪个同学扫地真的学会了，哪个同学还是不大会。对于不大会的，我就亲自辅导，就像改错题一样，手把手地落实。

这样的跟踪落实长达一个学期，直到组员各自分工可以独立完成，整组配合密切我才会不插手。现在我们三年级，一间正常大小的教室，一般情况下十分钟以内是可以打扫得非常干净的。而且三年级后，学校每次卫生评比我们都是第一名。

一种能力的形成，需要一个训练的过程。小鹰学会捕食需要老鹰引导，小象学习寻找水源需要象群带领，燕子要学习才会搭窝。自主探索是一种方式，但方法沿袭效率更高。

小源收拾书包丢三落四，是妈妈并没有告诉小源哪些是必须准备的、哪些应该怎样准备，越俎代庖固然不好，但是完全凭借孩子的感觉去自省自悟会无形中增加学习的难度。

孩子的自主能力的培养，是一个要在老师或者家长的引导下，掌握了基本方法，具有基本技能后，再逐步放手的过程。

写家庭作业也是如此。需要家长有方法的引领、能力的训练，一些基本方法掌握之后再让孩子独立完成家庭作业。

家长们还要清楚：不留作业和不留笔头作业是两个不同的概念。很多家长把低年级不留笔头作业断章取义为不留作业，作业的形式有很多种。

低年级入学需要做的一些作业训练：

1. 整理书包和书桌。一个小小的书包就是孩子的世界。书包内都需要准备什么呢？第二天上课要用的课本；相关课程的学具，比如数学课的小棒，体育课的跳绳，音乐课的口风琴，美术课的画笔；铅笔盒以及铅笔盒内必需的学习用品。我发现很多孩子把自己喜欢的但是用不到的笔带到学校，这是一种不好的习惯。上学后，各种笔就成了孩子最好的玩具，也是注意力分散的一个重要因素。最后还有各个班级老师的特殊要求。

收拾书包的原则是，有用的东西带，无用的不带。书包里要做到整齐，每种物品的位置固定，形成习惯。书包里要有一定的空余空间，但是不要太多，太大太小的书包都不合适。

每日写作业后，要主动收拾书桌，把东西放回原位，用消毒纸巾擦干净桌面。不能因为是家里东西就随便摆放，用完后不整理。这些都是不好的学习习惯。良好的整理习惯是一个优质学生必备的素质，会让孩子日后做事有条理。

2. 每日对照记事本检查落实的习惯。家长在写作业初期要起到督促检查的作用，通过长时间的坚持，让孩子形成习惯。记录当天需要做的事情，也是训练孩子做事规范、有条理的一种措施，家长要帮助孩子养成有记录就要有落实的习惯。

无论是低年级还是高年级学生，写作业不仅有内容上的任务，更要注重习惯的培养。我教过的很多优秀的学生都有一个共同点：书包整洁，做事有条理，从来不丢三落四。一个好的写家庭作业习惯的养成，是从孩子入学后就开始的，而不是从孩子开始有大量的笔头作业后才开始的。培养孩子独立完成作业的理念很好，但不等于我们可以不参与孩子的家庭作业，要先培养，再放手。

# 写字慢怎么办

元元今年一年级，上学前她是家里的开心果，谁见了都夸她聪明。可是上了学，爸爸妈妈真的想问：聪明都去哪儿了？

元元遇到的第一个困难是写字速度慢！入学第一天，妈妈的叹气声就开始了。第一天老师布置的作业是写基本笔画"横"和"竖"，这两个再简单不过的线条，在任何人看来都不会有障碍，但是元元不会写。

老师要求横写得要像铅笔一样直，要像桥一样稳，而且最好左边低右边高些。元元最初的问题是写出的横又短又歪，看上去怎么都像一个没有长开的小豆芽。元元自己看了都不满意，就拿橡皮反复地擦，妈妈也反复告诉她："写长点，写长点。"在妈妈的引导下，元元的横终于长了很多，但是不是向上翘就是向下斜，元元看了还是不满意，就用橡皮擦了又擦。一行田字格八个字，元元写满一行横竟然用了半个小时。妈妈开始着急催促她，因为老师让每一个笔画练习两行，按照这个速度别的作业都没时间写了。妈妈就告诉她："很好了，不要擦掉了。"元元似乎没有听到妈妈的话，刚开始还是写完后看了不合格擦掉，妈妈告诉她很满意的时候，她刚刚一起笔就开始擦。妈妈的耐心慢慢减少，最后命令她不许再擦，并且没收了橡皮。失去了橡皮的元元，有点不知所措，拿着笔好久不敢写。

从此后，元元的慢动作写作业的模式开启了。学习了第一个汉字

"上"，三个笔画的位置她每一笔都要看很久，从哪里起笔，在哪里落下，稍微有一点不满意就用橡皮，为了擦与不擦的问题，妈妈没少训斥她。妈妈不是不想让元元擦，是因为元元观察的时间长，落笔的速度慢，完成的节奏缓，写一个字至少要用上五分钟，一行田字格八个字，再加上拼音就要写将近一小时。

法定儿童入学年龄为六岁。这是因为，儿童在六岁以后，身心发展逐步走出"自我中心"阶段，身体各部分的机能及神经系统的发展基本可以满足其独立活动要求，如行走能力、身体控制能力以及握笔写字的能力等。更重要的是，具有了一定的与他人沟通的能力。这些都是从事学习活动所必须具备的能力。

基本具有和一定具有还有差距，因为每个个体发育的不同，"具有"的情况就更是因人而异。这会导致一部分孩子存在不同程度的学习障碍：

1. 观察力较弱，造成写字慢。很多家长抱怨孩子写一个汉字要好几分钟。因为在动笔前，孩子们要从两个角度观察：第一个是范字的角度，第二个是写字的角度。

细化观察字的笔画——笔顺——每笔所在的位置。我们会发现孩子经常有倒插笔的想象，举个最简单的例子，"上"正确的笔顺是竖、小横、大横。而孩子们会写成：竖、大横、小横，这不是因为孩子故意不按照笔顺写，更不是因为好玩，这和孩子的观察特点有关系，大横比小横更容易引起孩子的注意，所以他先看到的是大横，然后才是小横，也因此出现了笔顺问题。

恰恰是因为孩子的观察能力较弱，一个比较复杂的字，比如"比"，他就要经过反复多次的观察。作为成人是把这个汉字当作一个整体来看，但是对于刚刚认识这个字，还没有完全把这个字储存在记忆库里的孩子，这个字就是一些基本笔画，严格意义上还不能称之为一个字。因为没有整体意识，只能一笔一笔地看这个字。还是因为发育的问题，孩子一次只能记住一个笔画，他们写字严格意义上应叫作临摹，和画画是一个道理。所以孩子写"比"，就有可能要观察四次笔画，再观察每个笔画所在的位置，因此花费的时间就要比熟练掌握这个字的成人慢很多。如果再算上因为基本笔画不熟练造成的时间浪费，有可能孩子写一个字的时间，成人可以写完八个字。

还要考虑孩子要把汉字写规范，就需要观察每个基本笔画在田字格里的位置，如果再算上这个时间，孩子写完一个汉字的时间，成人可以完成十二个字。

孩子写字速度慢，和他们的各种能力的发展有着直接的关联。六岁儿童基本具有了这种能力，但是不代表所有的儿童都是一样的。就会呈现出有的孩子写得快，有的孩子写得慢的现象。

襁褓里的孩子是一天一个样儿，上学后的孩子是一个月一个样儿。很多孩子在学校里学习了几个月，能力会突飞猛进，就是因为孩子的发育速度要比青少年快得多。

2. 小手肌肉发育迟缓，造成写字速度慢。除了要考虑孩子各种能力的发展，更要考虑孩子的身体发育问题。有的小孩长得高高大大，而有的孩子身材瘦小，一方面是因为遗传基因的问题，另一方面就是发育的时间不同。同样，和写字有关系的最重要的身体部位是孩子的小手，有的孩子因为在幼儿时期做的活动较多，小手肌肉发育就比较好。比如在幼儿时期，孩子经常做撕纸、剪纸、拼接、搭建、捏揉这样的动作，孩子的小手肌肉就会发育得略快。相反，考虑安全因素不让孩子使用剪刀，或者考虑卫生原因很少玩沙子、橡皮泥这样的物品的孩子，就会表现出手部肌肉发育缓慢的特点。

因此，到了写字的时候，有的孩子写字就比较顺畅，有的孩子就比较慢。

3. 性格特点也会造成写字速度的差异。

每个人的气质类型不同，表现出的外在行为特点就不同。表现在写字上，就会有的写很快，而有的写很慢。

影响写字快慢的还有客观因素，比如学习环境过于杂乱等。

我们再从孩子和家长对问题的解读角度分析。

1. 擦干净的标准不同。

妈妈觉得元元不停地擦是浪费时间，而对于孩子来说，她的标准就是把它擦得和没写过一样。因为老师就是这么要求的，其他小朋友也是这么做的，但是孩子不知道，笔写下去后，这个痕迹是无法清除的，无论我们怎么努力它都在。标准不同，矛盾就产生了。

2. 判断作业是否优秀的标准不同。

元元只想做一个老师讲的作业要擦干净的好孩子，妈妈想的是让元元赶紧写字，这是两个不同的目标。元元刚入学，有着较强的向师性，也就是老师的要求和命令就是她学习的方向，她很努力地去落实老师的要求。妈妈站在成人的角度，觉得这个作业很简单，元元不该浪费时间。在大人的眼里十分钟很长了，但是在小朋友的眼里，十分钟代表什么她并不知道，她只想把事情做到完美。

3. 家长和孩子之间存在着知识代沟。

在知识上也有代沟。妈妈作为一个成人已经掌握了元元所学的知识。而对于元元来说，这些知识都是全新的，自己还没有灵活使用的能力，这种对同一知识掌握程度的差异就是知识代沟。妈妈认为写一个"2"很简单，但是对于元元来说这很难。妈妈难以理解为什么一个"1+1"孩子都要费如此多的精力，而元元不明白，为什么妈妈不按照老师的要求去做。正是这种代沟让妈妈控制不住自己的怒火，元元也觉得很委屈，她已经很努力了，妈妈为什么还会生气。

我给这些家长的建议很简单：我们首先要接受宝贝是个孩子，我们要宽容、理解，更要意识到孩子就是这样慢。

　　作为家长也要学会自我安慰，很多时候不是仅凭自己的一颗爱心就可以把事情解决的。静待花开，以一颗平常心去有效地帮助孩子。

# 执笔速度慢怎么办

小茹今年三年级，从一年级起作业问题就是家里的老大难。孩子每天写家庭作业都很慢，有的时候从下午放学一直写到夜里十一点。弄得妈妈和爸爸都是人困马乏。

小茹写作业慢，首先和自己的书写姿势有关系。

写字要做到"头正、肩平、身直、足安"。头正：书写时头应端正，微低。不能左右倾斜，头微前倾，下巴稍向内收，眼睛距书本一尺（约三十厘米）。肩平：两肩齐平，两臂自然展开，右手执笔，左手按本，以自然舒适为宜。身直：胸挺起，背撑直，胸口距桌沿一拳（大约十厘米）。足安：双脚自然平放在地，两脚自然放开与肩同宽，小腿与地面垂直，脚尖和脚跟应同时着地。

## 执笔方法：

一寸距：捏笔处离笔尖一寸（大约三厘米）左右；二指圆：大拇指、食指自然弯曲，近似椭圆形，中指在食指下面，用第一个关节托住笔杆，无名指和小指自然弯曲并依次靠在中指下方；三指齐：分别从三个方向捏笔，大拇指在笔杆左上侧，食指在笔杆右上侧，中指在笔杆下方；右手拇指在笔杆的左上侧，食指在笔杆的右上方，食指稍前，大拇指稍后，这两指夹紧笔杆。笔杆和纸面成 60 度角，笔杆向右后方倾斜，紧贴在食指的第三关节与虎口之间。执笔要做到"指实掌虚"，就是手指握笔要实，掌心要空，手掌与手臂成一直线。这样书写起来才能灵活自如。

正确握笔姿势，笔的四个着力点：

1. 在拇指指尖。
2. 在食指指根骨节凸起处。
3. 在食指指尖。
4. 在中指第一关节与指甲边中间的位置。

而小茹的握笔姿势是中指、食指和大拇指紧紧地攥住笔头，这样不仅挡住了视线，也不利于三个手指用力。她的腕部和手臂不是呈一条直线，而是向自己的怀里倾斜，像抱着笔在写，不是靠手腕的力量来带动笔用力。这样写字既费时又费力，不能达到书写的流畅。因为写字姿势不正确，小茹写字速度慢，完成作业的时间就变长了。

而爸爸妈妈并没有发现这个问题，只是一味地催促，导致小茹在错误的路上越走越远。她越努力，写字速度越慢。

执笔速度慢，是造成写作业慢的一个重要原因。这常常是被家长忽略的重要原因之一。我们应该怎样做呢？

1. 选择写字的辅助工具。现在很多孩子因为小手肌肉发育不好，就开始写字，因为肌肉力度不够，就会把手指往笔头处拿，恨不得拿着铅笔的铅写字。如果是这种情况，我们可以给孩子购买握笔器。握笔器要根据孩子手指的粗细大小选购，要让孩子自己试试哪种最舒适。因为舒适度不够，很多孩子是不愿意使用握笔器的。而且在最初使用的时候，因为手部多了一个东西，孩子会觉得很不适应，所以经常是刚写两个字，就把握笔器丢开了，并没有起到矫正的作用。所以家长要监督孩子使用，让孩子慢慢适应后再放松监督。

选购和孩子身高匹配的桌椅。很多家庭购买的孩子的课桌椅，可以从三四岁一直用到高中毕业，这样的课桌椅因为不符合人体力学，孩子的坐姿就容易出现问题。家访时，我就看到很多孩子因为脚够不到地面，家长在地面放一个可以垫高脚的用具。我们看到的是孩子的脚无法够到地面，我们看不到的是孩子的胳膊也无法正常地平放在桌面上。所以建议家长，根据孩子的年龄购买适合孩子身体的学习桌椅。

还有些家长，为了满足孩子的兴趣，给孩子准备的桌椅是卡通的或是带有各种有趣的图形。我们要严格区分玩具和学习用具。桌椅是孩子的学习用具，只要满足学习这一条要求就可以了，不建议和玩具相关联。

还有些孩子没有自己独立的书桌，用餐桌写字。那么家长除了考虑高矮的问题，还要考虑光线问题。因为餐桌一般没有学习专用的护眼灯，光线太暗也会导致孩子写字姿势不正确。

如果孩子因为坐不住喜欢趴在桌子上写字，可以使用背部矫正器和坐姿矫正器。

这些可能会帮助孩子养成良好写字姿势的工具只是一个参考，根据孩子的实际情况选择使用。

2. 求助专业的写字老师。专业的人做专业的事。规模大的学校是有专职老师教写字的，但是更多的学校写字是由语文老师兼职。专业老师的要求会更准确，做法也会更利于孩子养成良好的习惯。在我接触的学生中，很多孩子在一二年级练习过书法，到了高年级都具有良好的写字习惯。如果家长有良好的写字习惯能够亲自指导孩子，同样有利于孩子能力的提升。

3. 养成良好的练字习惯。家长一般是根据老师的要求落实每日的家庭作业的。我个人建议可以根据孩子的具体情况，对于一些技能性的作业，家长可以有意识地让孩子完成。比如练字、跳绳、做口算。每日练字时间不用长，选择字体美观的字帖或者拓本。我在家访中也发现，很多家长给孩子布置了练字作业，但是却没有检查和落实，练字反而成了涂鸦。要看每一个字的书写质量：是不是按照田字格的位置书写，每个笔画是不是按照正确的书法要求落实，不需贪多。

写作业慢的原因有很多，我们先排除最基本的原因，让孩子具有正确的书写姿势、良好的书写习惯，可以让孩子受用一生。

# 口算慢怎么办

低年级小朋友在学习数学方面的第一个难关就是口算慢。口算之所以慢主要因为基本概念掌握不扎实，其次才是熟练度的问题。

三个基本概念对于孩子来讲很困难：数字的意义，加法的意义，减法的意义。

我们看到的数字是一个字，比如 3 可以表示三把椅子，也可以表示三张桌子。只有和具体事物结合起来才有具体的意义。孩子之所以口算慢，是不能清晰地理解数字的意义。这和孩子的认知水平有关系。

加法的意义，加法简单地说就是把两部分合并起来。比如 3+5，就是把 3 个和 5 个合并起来。数字的意义理解了，才可以把两个同样意义的数字结合在一起，这是一个动态的过程。

减法的意义，简单地表述就是从一个整体中去掉一部分。加法和减法的意义正好相反。比如 8-6 就是表示从 8 里边去掉 6 个，求剩下的部分。

所以提高孩子口算水平的第一关就是建立这三个基本概念。很多小朋友从一岁多就会数数，家长更多的是让孩子像背书一样数数，对于孩子来说是用了机械记忆的方法，和背一首古诗、记忆一个故事一样，而并不是从数字的意义上理解。建议您在孩子接触数字的时候，就让孩子把数字和其抽象意义结合起来。比如可以让孩子数珠子，数一个摆一摆，一边数一边摆，在重复中明白数字的意义。

加法和减法是意义相反的一组运算，都是一个动态的过程，在数数的基础上，建立加法的概念，我们就要把这个动态的过程表现出来。

减法的意义一样，也要通过动态的过程帮助孩子建立概念。比如7-3，就可以先数出7颗珠子，再从7颗里边数出3颗，剩下的就是7-3表示的意义。

也就是概念的建立是任何一个年龄段学习数学的基础，在把握意义的基础上，才可以做到顺利地解答十以内的加减法。

到了小学阶段，我们不仅可以用数字和实物建立联系，还可以用数形结合的方法理解意义。比如，把四颗珠子用四个圆圈代表，就是数形结合。数形结合是理解抽象概念的重要手段，数形结合超越了实物和数字的结合。是孩子学习能力的一次提升。

其次，通过反复练习提升口算的速度，这是不可缺少的环节。

是不是孩子懂了数的意义，就可以顺利地进行口算了呢？当然不是。了解一个知识到灵活使用一个知识，是需要一个过程的。在这个过程中，孩子们会遇到不同的问题。

问题一：口算时可以掰手指吗？

很多孩子知道了加法的意义，也明白了减法的意义，但是计算速度很慢，甚至要掰手指头才能算出来，特别是初期练口算的时候，相对于小棒、珠子等学具，孩子们更喜欢用自己的手指，很多家长会觉得用手指会影响孩子的速度。这点，我们必须要清楚，孩子借助手指有两个原因：第一是手指是孩子身体的一部分，他们使用起来更有亲切感，更容易接受；第二，孩子借助手指是自己主动把数字和意义建立关联，是孩子再一次对数字意义的理解和落实。所以我们要允许孩子掰手指。

问题二：只要让孩子多做就一定会提高速度吗？

多练可以提高速度，但是在这之前还有一个重要的事情要做，就是帮助孩子找规律。十以内的加法我们按照一定的顺序排列会发现，题目的数量是有限的。如从1加到9，从2加到9，从3加到9，一直到9加9。既然数量有限，我们就可以在有限的范畴里，让孩子一组一组地反复练习，找到规律。有了规律后，孩子再看这些口算就融入了机械记忆的成分。记忆在学习过程中是最简单的一种学习方式，也是孩子最易接受的，一旦家长帮助孩子找到了规律，就可以提高速度。

问题三：孩子不会做的题多做几遍就可以了吗？

我们要明确孩子之所以出现错误，是因为孩子遇到了学习的障碍。比如我在前边讲到的（　　）－5＝4，孩子算错不是因为马虎或者不用心。要找到适合孩子思维模式的方法，先分析方法，再通过反复练习提升能力。

口算对于低年级孩子，特别是刚入学的孩子来说是一个难点，既要保证正确性，又要有速度。正确是由方法决定的，速度是在此基础上借助反复练习才能提高的。

# 生字错怎么办

低年级小朋友在语文学习的过程中，常遇到的困难是拼音不会，而学习拼音的目的是为了学习生字，拼音只是学习的工具，不是学习的最终目的。所以真正困难的是汉字的学习。汉字是我们交流的最基本的元素，是词语、句子和篇章的基础。汉字的学习又分为两部分：一部分是认读汉字，一部分是必会汉字。认读汉字，学生只要见到字形知道读音就可以，一般情况下，通过反复认读，大部分学生都可以顺利过关。必会汉字，不仅要会读，还要会写。孩子写字错字多，也是家长苦恼的事情之一。

家长可以学习一些简单的识字方法，便于对孩子进行辅导。

第一，生活经验法。

生字错，第一个原因是孩子的社会经验少，无法把生字的音形和意义结合起来。我们发现孩子记名词的时候很轻松，比如：笔、本、手、雨。但是同样是名词：娃、车、肚，孩子记忆起来就有困难，这是为什么呢？因为第一组汉字和生活经验很容易建立起联系，笔是竹子底下用了毛，就是我们毛笔的样子，而"娃"除了女字旁孩子可以在生活中找到，"圭"无法在自己的生活经验里找到。进一步证明孩子们记忆汉字是和自己的生活认知有关的。因此，帮助孩子记忆生字的最好方法就是把生字和生活经验建立联系。

辅导孩子学习汉字的时候，如果孩子出现了错误，就要把这个字尽量地和孩子的生活经验联系。不仅名词可以和生活建立联系，动词、形容词都可以。比如：风，就是空气的流动造成的，撇和捺都像风吹动柳条在摇摆。

　　第二，图片记忆法。

　　我们成人记汉字首先想到的是这个汉字的意义，一般情况下，我们提笔忘字，但因为是在一个语境里使用汉字，比如：这位先生彬彬有礼。忘了"彬"怎么写，即使告诉你是"宾"，你在不会写的情况下，也能迅速地感觉到这个字不对，因为意义不对。而孩子们记忆汉字，意义是最后一项，他们先接受汉字的音，然后是汉字的形，最后才是汉字的意义。

　　孩子记忆汉字和我们看画一样，我们欣赏画作的时候，是从意境上去理解。比如：象，这个字上边可以说是象的耳朵，中间是象的脑袋，下边是象的腿。也正是这种图片的记忆方法，孩子们很难把汉字的意和形一起记忆。但是我们可以利用孩子这个记忆汉字的特点，帮助孩子记住容易错的字。比如：错，错了就要擦掉，而用一把金属做的刀把错误去除是最棒的方法。

　　第三，联想法。

　　越小的孩子想象力越丰富，可以在记汉字的时候，利用孩子的这个特点。我刚刚进入教师队伍的时候，一位老教师给孩子补习，我听到老师讲"解"怎么记：我有一角钱，买了一把刀，宰了一头牛。我一下子就明白了这个字的几部分。再后来我用这个方法教这个汉字的时候，学生基本可以达到一次过关。说明根据汉字的造型特点展开想象，可以帮助孩子记忆汉字。比如：碧，我们可以给它起个名字，就叫王白石。这样的汉字还有很多。

　　利用想象法不必想象整个汉字，可以只是汉字的某一部分。学生写错字，是因为无法把汉字和自己的生活建立联系，利用想象法的目的是加深或者唤起孩子对汉字的记忆。如：冰，三点水是水很大，两点水是天太冷，把水都冻上了。根据汉字的字形特点展开想象，不一定要遵循造字的规律。因为汉字的很多部件已经在使用过程中改变了它的功能，无法对照汉字的部件再还原造字者的本身意图。想象只要能够帮助孩子记忆就可以。再比如"武"，这个汉字是孩子们很容易出错的一个字，主要是斜勾上容易多写一笔撇。可以帮助孩子分析记忆，撇就像一把刀，把伸出的腿都砍断了怎么练习武功呢？孩子们立刻就有了画面感。

第四，语境创编法。

汉字属于符号记忆，也属于短信号记忆，每个人大脑记忆的特点是不同的。比如一篇文章和一个词语，可以顺利地背下文章，就属于长信息记忆力有优势；有的人可以快速地记住一个词语，就属于短信息记忆有优势。

家长会责怪孩子记不住字是太笨了，其实这个责怪是不正确的。我教学过程中接触到的记不住生字的学生可以分为两类：一类是学习态度不端正，这类学生第一次记不住，但是只要经过一到两次的重复记忆，就可以顺利记住词语；另一类学生属于短信息记忆有困难的学生，大量生词反复出现错误的学生中，大部分都属于有记忆障碍的学生。

因为孩子短信息记忆有困难，可以试着把短信息转化为长信息。比如："苍"记不住，我们就可以把这个字放入一个语境中，"苍天呀，我终于都对了！"语言环境可以和孩子的兴趣建立联系，如果孩子喜欢食物，就把语境和食物建立联系，如果孩子喜欢足球，就把语境和足球建立联系。这样能让孩子记忆更深刻。

第五，使用常规方法。

汉字记忆的常规方法在语文课堂中老师们都有讲授。比如"伙"，就是大火的"火"加一个单人旁，这种方法就是"加一加"。如："墨"去掉土就是黑，这种方法是"减一减"，再如：把"换"的提手旁换成三点水，就是焕，这种方法是"换一换"。

这些根据孩子的记忆特点使用的方法快捷、简单。

第六，阅读法。

我在将近三十年教学生涯中发现，读书多的同学比读书少的同学汉字错误率要低得多。拥有良好读书习惯的学生，不仅错别字少，词语丰富，标点符号的错误率也基本为零。这是因为无论是一本十几万汉字的著作，还是一本几十万汉字的著作，反复出现的汉字就是常用的六千个，因为反复和这些常用汉字见面，就完成了内部的自我强化，比孩子抄写几十遍还有效。因此可以通过养成良好的读书习惯，间接达到学习汉字的目的。

# 作文难怎么办

学习语言的最终目的都是为了运用。运用语言，一种是口头运用，口头语言使用并不困难；一种是书面运用，要借助学习的篇章知识、句子知识、词语积累、标点符号，正确、通顺、清晰地表达情感。因此，书面语言的综合性更高，学生的学习难度也就更大。有的孩子篇章结构不清楚，就像盖房子，弄不清楚是盖两层还是盖一层，是钢结构还是土木结构，自然房子就建不起来。有些学生是语句有困难，句子形式单调，只会陈述表达，不会使用感叹、比喻、排比等丰富的句式。还有的学生提笔忘字，记不住汉字，错字多，别字多，无法做到通顺地表达。还有的孩子标点符号只有逗号和句号，不知道该在哪里断句，在哪里结束，一个小小的标点就能把文章弄得拗口难懂。

写作文难，辅导作文就更难。而随着教育改革的推进，作文的应用功能在不断地突出和强化。

我最早接触的北京版语文教材，作文是先例文再习作，简称习作例文，也就是照着样子去模仿作文。而现在使用的人教版教材，不再有例文，需要学生把一个单元学习到的篇章、词句的知识灵活地运用在自己作文中。取消了标准化的工厂模式的制造，突出学生自主应用的能力，语言交际的功能性也更突出。上课不会听讲、知识储备少的同学就觉得很难。

家庭作业中的作文作业，更是让很多家长看到就头大，往往一篇三十分钟的作文孩子要磨蹭上几个小时。

在小学一二年级，还没有进行严格意义的习作学习，只有看图写话的练习。一年级看图写话，一般是一幅画面，根据画面内容，用一两句话表达出图片的内容。二年级就出现了多幅画面，内容更加充实，对语言表达的要求也随之提高，需要写出几句话。看图写话主要培养孩子的观察能力，通过观察发现图画中的内容，再结合语文学习的特点，运用所学的语言进行表达。也就是将学习的词语连成句子，使用基本的标点符号，比较通顺、完整地表达出图片的内容。

低年级小朋友不会看图写话，问题在不会"观察"。低年级小朋友观察的特点是只能看到主要事物，看不到细节。这和孩子们的年龄特点有关系。比如：

孩子们在观察这幅图片的时候，第一看到的是高个子的女孩，因为女孩在整个图中最醒目，孩子们观察的特点就是先看到醒目突出的内容。第二会看到三个男孩子。第三会发现有一个男孩子手里有足球。第四发现地上有"爱护草坪"的文字。第五发现男孩们的球衣号码不同。第六发现球衣颜色不同。第七发现地上有小草。第八发现孩子们的面部表情不同。

根据儿童观察的特点，我们不难发现，孩子们观察是从主要特征到细节，而不是按照一定的空间顺序进行。这样表达会导致语言混乱。

所以，看图写话首先要注意的就是空间顺序的建立。我们可以按照孩子的观察特点先把图片中的内容读出来，然后按照一定的空间顺序进行整合，最后再用语言表达。

即先从看图入手，都看到了什么；然后看图说话，说说图中都有什么；接着是理顺顺序，再说话；最后才是写话。

而家长在辅导孩子看图写话的时候，缺少的就是看图的过程。往往直接进入写话的环节，所以孩子即使写了很多篇，自己还是不会。低年级看图说话，比看图写话还要重要。在说的过程中帮助孩子理顺语言逻辑，形成表达的逻辑关系，是最重要的事情。

中高年级的作文，可以分为三种：命题作文、半命题作文、自命题作文。这三种对于学生来说最难的就是自命题作文。

高年级孩子不会写作文，简单地归纳，难关有：材料关、表达关、情感关。

我们先看材料关，很多孩子拿到作文题目后，半个小时写不出一个字，是因为孩子不知道该写什么内容，而这一关出现问题，百分之五十以上的学生都是因为过不了材料关。

比如：作文题目是《一件有趣的事》，家长看到孩子半天写不出一个字，就开始着急，责怪孩子："带着你去了那么多地方玩，就一件事都记不住吗？"去各个地方玩孩子是能记住的，关键是玩和写的距离怎么跨越呢？玩是纯娱乐，写是在观察的基础上对经历事情的深入思考。二者有很大的区别，孩子玩了未必会写，因为他无法从玩中提炼出自己需要的素材。

简单说，玩和写的鸿沟还是因为"观察"。家长要启发和调动孩子大脑里的记忆碎片，从中提取素材。如：引导孩子思考，看到、听到、做了什么。观察不仅仅是用眼睛看，还可以是耳朵听、手触摸、鼻子闻、心里想。如果有了一定基础的孩子，最好还问他想到了什么。

我们可以梳理出一个公式：

看到 + 想到
听到 + 想到
触到 + 想到    } 完整作文
闻到 + 想到

这类学生有生活体验，只是缺少观察提炼的环节。更多的孩子在素材关存在的问题是没有生活体验。由于孩子生活的单调性，三点一线的生活，即学校、家、培训班，没有丰富的生活内容。面对有这种素材问题的学生，家长就要想办法给孩子创造生活内容。可以采取主题创造法。比如，在家里可以有意识地帮助孩子丰富生活，让孩子洗洗碗，每次洗之前让他说说自己会怎么洗，初步做个计划，洗完后在鼓励的基础上谈谈自己的感受。这种借助家庭生活，将劳动教育、亲子教育、习作学习融合在一起的方法，能让孩子们既轻松又高兴，而且印象深刻。第二天还可以再继续让孩子洗碗，让孩子继续总结哪里可以改进，哪里最高兴等。这样不停地梳理一件事，经过一周的时间，孩子就会对洗碗这件事情的流程和感受很清晰。

主题创造法需要注意：不要一次苛求完美，需要多次体验感受；不要急于求成，认为这一周做了主题，就要立竿见影有收获。重视和孩子的交流，尊重孩子的感受，不要强行将成人的经验灌输给孩子；要富有娱乐性，把兴趣放在第一位，主题选取要选孩子愿意参与和可能完成的。在选取的过程中，以小见大，要把主题活动放在第一位，把语文渗透学习放在第二位，孩子的成长离不开父母的陪伴，把生活能力，社会阅历传达给孩子，这些都是可以作为孩子的习作素材的。

表达关也有百分之三十左右的学生有困难。表达关的主要问题是：篇章问题、段落问题、语句问题、词语问题、标点问题。

可以从简单结构攻破，小学阶段最常用的就是总分结构，这样的结构具有完整性，更利于中心的表达。总分结构不仅可以利用在篇章中，还可以利用在段落中。

很多孩子的语言平淡，读之无味，主要是缺乏想象力的训练，比如看到一片树叶，孩子能想到什么呢？我经常和学生们说，我们每个人看到的白云都是一样的，但是每个人由此想到的内容都是不同的，想象可以让语言生动起来。这里就可以继续沿用看到＋想到、听到＋想到、触到＋想到、闻到＋想到的公式启发孩子的想象力。

作文是一个大问题，需要讲解的内容很多，我介绍的是最简单的方法，是针对主要问题的对策。

# 阅读错怎么办

如果倒退二十年，语文课堂更重视的是知识的积累，比如字词的默写、句式的训练、段落的背诵和默写。但是随着教育改革的推进，我们发现语文学习仅仅靠积累是不够的，提高孩子的语文素养，更多应该让孩子们理解和驾驭语言。随着大语文概念的提出，语文课堂的学习更加丰富，体系更加清晰。语文核心素养包括：语言的构建与运用，思维的发展与提升，文化的理解与传承，审美的鉴赏与创造。语文课堂是围绕核心素养开展，创设的语文学习活动也是为了落实语文核心素养。

孩子随着年级的升高，阅读理解的问题也越来越多，很多家长在陪孩子写作业的过程中，感觉给孩子讲了一篇阅读，第二篇同样的阅读问题孩子还是不会。我们必须要明确阅读理解没有捷径可走，它是建立在学生天长日久积累的基础之上的，随着学生年龄的增长，会不断提高对语言的理解能力。任何拔苗助长的行为都不会促进孩子阅读水平的突飞猛进。

学习阅读最重要的阵地是语文学习的课堂，老师借助一篇篇的课文，将语文阅读的方法深入浅出地讲给孩子们。一年级孩子们掌握几十个基本汉字后就开始接触语句，从最初理解一句话的基本结构：什么时间，谁在哪里干什么；慢慢地过渡到由几句话连成一段话；最后由有关系的几段话形成一篇文章。这个过程经历六年的时间、几百篇文章承载的学习内容，绝对是一个超级宏大的工程。简单地分就是低年级的句子学习、中年级的段落学习、高年级的篇章学习。不管是哪一个学段，阅读理解都是围绕四个方面展开训练的：整体感知、提取信息、形成解释和做出评价。

低年级的句子学习。

句子和短语最大的区别就是句子能够表达一定的情感。如："真好"就是一个词语，"真好！"就是一句话。带有标点符号的短语抒发了内心的情感。标点的出现就是孩子对句子最初的认知。我们常用的标点有：逗号、句号、问号、感叹号、省略号、分号、冒号、引号。认识这些基本标点，了解它们的作用，是孩子进入阅读的第一关。在这些标点中，不能表示一个完整意思的是逗号和分号。冒号和引号既不能表示一个完整意义，也不是半句话的标志，所以要特殊处理。能够表达完整意义的是：句号、问号、感叹号、省略号。区分和了解这些符号作用的同时，帮助孩子们建立句子的意义。

掌握了句子之后，我们就可以理解完整的段落，低年级阅读的第二关是理解段落的意义。句子和段落的意义理解了，就能够阅读一段话。数句子和数段落都属于整体感知的范畴。考察低年级小朋友阅读水平最直接的方法就是看他们能不能读懂，能够根据要求提炼出信息就是读懂的标志。

低年级阅读的第三关就是提取相关信息。如：

> 早晨起来，我看见荷叶上有一颗珍珠。这颗珍珠，又大又圆又明又亮。绿绿的荷叶像个碧玉盘，盛着这颗亮晶晶的珍珠，真好看。微风一吹，它就滚动起来。它一会儿滚到东，一会儿滚到西，像在荷叶上玩耍呢！
>
> 过了一会儿，太阳出来了，荷叶上的珍珠就不见了。

1. 课文有（　）个自然段，第一自然段有（　）句话。

2. 荷叶上的珍珠什么样？用"_____"画出相关句子。

第二题就是根据要求提取相关信息的问题。在这个题干中有三个关键词"荷叶上""珍珠""样"，对于小朋友来说，他们很难理解什么叫题干，但是他们知道需要围绕这三个核心词去找相关的内容。既然是围绕，就要在文中找到相关词语，简单概括就是"题中找关键词，文中找同样词"。文章的第二句话："这颗珍珠，又大又圆又明又亮。"前半句就是说的"荷叶上""珍珠"这两个关键词，"又大又圆又明又亮"就是样子，也就是直线画出的部分。

低年级小朋友提取信息不准确是因为没有在题干中找到关键词语，在文章里又找不到相同的关键词语，所以训练孩子在题干中圈阅关键词就变得很重要。题干中的关键词，就像我们手里的照片，对照照片的内容到文章里去寻找相关内容就会简单一些。这既是习惯训练，也是方法训练。低年级养成圈阅题干关键词的习惯，高年级阅读的速度就会快，准确性就会高。

中年级进入了段落学习，阅读的篇幅增长的同时，在整体感知、提取信息、形成解释和做出评价四个方面都提出了更高的学习目标。比如：从文中提取信息需要更准确、更简练。

《语文课程标准》指出：阅读是学生的个体化行为，不应以教师的分析来代替学生的阅读实践，应让学生在主动积极的思维和情感活动中，加深理解和体验，有所感悟和思考，受到情感熏陶，获得思想启迪，享受审美乐趣。根据《语文课程标准》的解读，孩子们自己的主观思考、判断、评价才是真正的阅读活动。在阅读过程中，不仅要让孩子把一篇文章表面的字意看懂，还要把文章所要表达的内涵理解清楚。在这个过程中就需要孩子自己有一些主观的思考。形成解释就是孩子主观思考的一部分。

比如：

葡萄园里葡萄架一个接一个，架上覆（fù）盖着绿茵（yīn）茵的叶片，就像长长的凉棚。架下挂着各种颜色的葡萄，青的、绿的、红的、深紫的、玫瑰色的、墨色的、白色的……好像走进了一幅五彩缤纷的图画。

请你联系文章内容理解"五彩缤纷"的意思？

这是形成解释的一种题型。题目中指出"联系文章内容"，这是理解的策略，需要在阅读文章的基础上形成解释，而不是凭借自己的经验，更不是借助工具书。第一步就要在文章中找到和"五彩缤纷"有关的内容，即"架下挂着各种颜色的葡萄，青的、绿的、红的、深紫的、玫瑰色的、墨色的、白色的……好像走进了一幅五彩缤纷的图画"。第二步，深入地分析。"五彩缤纷"在这句话中就是"青的、绿的、红的、深紫的、玫瑰色的、墨色的、白色的……"，这些词语都表示颜色，很多颜色就是五彩缤纷。第三步，我们可以说花朵五彩缤纷，衣服五彩缤纷，所以结合这句话，五彩缤纷是指葡萄的颜色很多。

尽管高年级的阅读理解依然是整体感知、提取信息、形成解释和做出评价四个模块，但是孩子们的阅读水平和能力都有了突飞猛进的提升，自我的感受更加突出，评价的内容不断地丰富。

锁

谁都有不小心的时候，老张出门倒水，随手一带，门"砰"的一下锁住了。

他拎着脸盆，站在门边发愣。热心的邻居拥来，想尽了办法，结果还是——"没门儿"。

我家大姑站在人群里眨眼，忽然她笑起来，挤到老张跟前向他神秘地说着什么，眼神一个劲儿地往南院飞。老张愁眉渐渐舒展，却又显得很为难。大姑摆摆手，叫上几个小伙子连请带拽地拉来了南院的李小川。

　　小川前几年因偷盗，在劳教所待了一年多。现在他成天不言不语，闷着头在厂里干活，谁也没再听说过他干好事。平时人们很难想起他来，似乎院里根本没有这个人。

　　他茫然不知所措地被人们推到门前。大姑脸上浮着尴尬的笑容，拉着他连说带比划；老张笨拙地拿出根烟往他嘴里塞。他们极力怂恿小川打开这把锁。

　　小川脸有些发红，鼻头上沁出汗珠。他低着头，手抄在口袋里，紧抿着嘴唇，一只脚在地上来回蹭着。邻居们期待的、好奇的目光落在他身上，一下子周围变得异常安静。

　　他终于像是下了决心，慢慢抬起头，脸上皱起一种古怪的表情来，似乎想笑一笑，却又笑不出来。他用手背拭了一下鼻子上的汗水，向邻居要了一根旧锯条。

　　他缓缓举起手，仿佛提着千斤重的东西，人们注意望着他的一举一动，后面的人起劲地往里挤，往上踮脚……他忽然闭上眼睛，锯条顺着门缝往里插，手猛地一抖。谁都还没弄清是怎么回事，老张的门被打开了。

　　一片说不清是什么意思的"啧啧"声从人们口里发出来。小川拨开人群低着头往南院走去。我看见大姑又开始眨眼，目光富有深意地向人们扫了一圈，随后她疾步跟上小川，满脸堆笑，漫不经心地问小川会不会开双保险锁。

　　小川站住了。一双眼突然变得冰冷冰冷的，那寒彻人心的目光迟钝地盯住大姑僵住了的笑脸，又缓缓扫过人群，嘴角痛苦地抽搐着发出一声低沉的冷笑。

"当"的一声，钢锯条在他指间折成两截。他用尽全力把它扔到远远的阴沟里，像是扔出了一件沉重且污秽的东西。这一瞬间，我发现他的手指闪着一星红色的光点。

我的心骤然紧缩了。我几乎是跑着回到家里的，我似乎觉得，我的心也在滴血。

第二天，大姑家和老张家都换上了双保险锁。

1. "小川脸有些发红……一只脚在地上来回蹭着。"这段文字运用了哪些描写方法？表现了小川什么样的心情？

这道题建立在理解文章的基础上，对人物的心情做出评价，就需要学生对文章有深入的阅读，通过自己的主观理解进行解答。因为也是要"联系文章内容"，第一步就要找到相关的内容。即"小川脸有些发红，鼻头上沁出汗珠。他低着头，手抄在口袋里，紧抿着嘴唇，一只脚在地上来回蹭着"。第二步，参考题干关键词"哪些描写方法"，找到理解突破口。小川脸有些发红（神态描写），鼻头上沁出汗珠（神态描写）；他低着头，手抄在口袋里，紧抿着嘴唇，一只脚在地上来回蹭着（动作描写）。第三步，参考关键词"什么样的心情"，联系生活经验理解。"脸有些发红，鼻头上沁出汗珠"表现出小川的紧张、忐忑。"他低着头，手抄在口袋里，紧抿着嘴唇，一只脚在地上来回蹭着"表现出小川的羞愧。第四步，在分析的基础上，总结归纳：小川紧张、忐忑、羞愧的心理。

借助这道题，我们发现，都是透过外在的表现看到人物内心的感受，也就是我们要站在人物的角度，叩问自己内心的活动。内心活动的词语就是体现人"喜怒哀乐"的词，称之为"情感动词"。

我在不同年级，简单地阐述了一些阅读的方法。因为每个孩子阅读的能力千差万别，阅读考核的角度也是千变万化，如果说写作是每个人借助书面语言的外壳表达自己的情感世界，那么阅读就是学生借助语言的外壳读懂作者内心的过程。而这些阅读方法的提炼都是建立在对文章阅读的基础上，通过提取题干，找到解题的思路和策略。通俗来讲就是要：审好题，读好文，用心想。

第二章

写作业为什么如此难

# 枯燥的生活，让孩子痛恨作业

　　我是一名小学老师，接触的学生是小学一年级到六年级。我要说的是无论是刚入学的娃娃，还是个子比我还高的大孩子都有一个共同的爱好——玩。

　　在学校，老师们会采取各种方式激励孩子，激发孩子的学习兴趣，让孩子们在学习的过程中更加投入。有的老师采取积分评价，就是对孩子作业、纪律、卫生等几个方面积分奖励；有的老师直接采取物质奖励，孩子成绩有了提高，纪律有了进步都会奖励一些小礼物，比如贴纸、铅笔、橡皮等；有的老师采取发放奖状，奖状的内容多样，形式也多样，有市场直接购买的，有老师自己设计的个性化奖状；有的老师采取家校联盟奖励法，比如老师给予肯定，家长配合实现孩子的小愿望，礼物、娱乐都有；还有的老师采取教师个人魅力感染法，比如孩子进步了，老师和孩子拍照……在我长达二十七年的教育生涯中，我发现这些奖励的方法使用时间长了以后，都无法真正调动孩子的积极性，但是有一种方法最简单，无论是哪样的学生，无论是哪届学生都是一呼百应，就是奖励孩子们玩。

　　2020年的上半年，所有的孩子都是在家里通过网络授课完成的学业学习。到了2020年9月，各年级分段进入校园。我所教授的三（7）班是9月7日进入校园的。因为孩子们经过了长达八个月的在家学习，一下子难以进入良好的学习状态，我除了把上课的进速放慢，也想尽量多地安排孩子休息，避免因为学习内容过多，造成身体不适应。

中午，孩子们在教室用餐，用餐之前，我看天气比较好，就对孩子们说："今天你们上课表现很好，老师奖励你们，吃过饭我们一起到楼下的小花园散步。"孩子们一听高兴得眼睛都放了光。平时吃饭慢的同学都狼吞虎咽起来。平时二十分钟才吃好午饭，今天不到十分钟，全员都在教室门口站好等待我的号令。我叮嘱孩子们不要快跑，对胃不好，不要乱叫，会影响到其他班写作业的同学。孩子们使劲点头。

小鸟出了笼子，就不受控了。一到小操场，孩子们就开心地玩耍起来，现在孩子会踢毽子和跳皮筋的很少，在他们心中玩就是"抓人"，几个人在前边跑，一个人在后边追，这是孩子们最常玩的游戏。看到他们跑，我还要不停地告诫他们不要猛跑，身体吃不消。安静一点的会站在一个空地，说话聊天，说的内容以扮演游戏为主。总而言之，尽管没有娱乐器材，没有任何玩具，但是孩子的笑声、喊声已经说明了一切——高兴！特别高兴！

第二天，上课的时候，我就和孩子们先说好："如果你们今天上课每个人都举手发言，王老师中午奖励你们出去玩。"教室里立刻沸腾了，几个好动的男孩子，一个劲地给大家使眼色，在上课中如果遇到我提问题，还有爱操心的孩子，眼睛环顾四周，唯恐哪个学生没举手影响大家出去玩。

当然，我兑现了我的诺言，同样是开心的一个中午。

因为全校将近三十个班级，每个班级到操场上操的顺序不同，都会有三五分钟的时间等候。我们班总是第一个到达操场，我会告诉他们："排队整齐，不出声，我们到操场就奖励三分钟玩。"很多孩子都是把嘴唇抿得紧紧的，唯恐一个声音跑出来，影响这三分钟玩的时间。

上完操后，还有一点点的时间可以在操场上玩一会儿。每天集合好队伍，各班开始往回带的时候，所有的小眼睛都会望向我，想听到我说

"玩三分钟"。如果我没说这句话，孩子们眼睛里全是失望。

玩，是孩子们最感兴趣的，哪怕就是简单的抓人、聊天。可是相比写作业，孩子们的积极性就有一个鲜明的对比。写得快的同学会存在乱的问题，写得慢的同学更不用说了，不停地催促。

孩子们对玩这么感兴趣，就让他们痛快地玩好了！玩可以轻松做到吗？

下面是学校时间的量化分析：孩子们在学校内的八个小时，与其说是由老师管理，不如说是由教委统一管理，因为在学校，老师要严格执行国家课程要求，即，课表所列学科内容。老师们的教学任务都是根据教学课程设置，通俗意义上说，语文老师要在规定的时间内完成所有语文的教学内容，而不仅是一本书的教学内容要求，对于每一课时也有具体的内容要求。

在这其中，会存在老师因为处理一些突发事件占用课时。比如，在上课的时候有的孩子身体不舒服，老师就要停下正常授课，紧急处理。再比如，上课过程中，因为某位同学不遵守纪律影响到了班级的授课，老师就要停下课程处理纪律事件。当然还有因为学校整体工作安排做了调整，老师不得不重新安排课时内容的情况。

也就是说每节课的内容是固定的，时间和内容是一对一匹配的。每本书的完成时间就是一个学期，这个大内容和大时间也是一对一对应的关系。那么，问题就来了，课表内的时间就无法被学生最有兴趣的玩占用。

有的学校中午还要安排孩子回家吃饭和休息，中午也没有时间。有的学校中午不回家休息，在城市这种现象比较突出，因为午饭后不适合剧烈运动，初中学生的每日课程时间长于小学生，中午老师会统一安排孩子们午休。小学有的安排休息，有的学科老师会利用这个时间处理课堂作业，讲解作业习题。总而言之，孩子们中午的时间几乎都被占用。

　　每天课后管理时间（这个时间全国安排不统一，北京的安排是根据体育时间一小时的工作要求落实，不是每天都可以去操场玩的，也会有相应的课程安排。）

　　这样一分析，也就是在校的时候，统一安排学生玩是一件十分奢侈的事情，所以我才会用分钟作为单位，掐着时间让孩子们玩一会儿。以我为例，我负责八十四名学生的语文教学，一个班的班级管理。除了班上学生有时间这个大前提之外，还要考虑自己是否有时间陪着他们玩。我除了每周完成十五课时的课程计划，还有一对一的辅导，作业的批改，试卷的批阅，学校的各种评比活动等。学生时间和我时间重合的就更少了。

　　所以，学生在校的娱乐时间，除了保证国家教委规定的一小时的体育锻炼时间，基本不可能再有。而体育锻炼有具体的内容，不能自由自在地玩耍。这二者还是有区别的。

### 把玩的梦想寄托在放学后的时间？

　　我们班有三名女生，放学后家长陪同，在校门口要玩上半个小时，几个女孩子也是没有具体的游戏项目，但是非常开心，家长们也是满脸的微笑，和谐和美好的场面总是感染我，在远处驻足望着他们。

　　这样做的家长，我在教学生涯中遇到的并不多。也许孩子生日的时候，会邀请同学参加生日会，但是每天在校门口组成小组玩耍的是极少数。

### 回家后的孩子们去干什么了呢？

　　一、去托管班。

　　很多家长因工作的原因无法按时接孩子，学校上学的时间早八点晚四点，这是比较普遍的。而家长们的工作时间表，一般是早九点到晚五点，还有早九点到晚六点的。在北京这个大都市，家长一般正常到家都要在七点后。所以家长无法正常接孩子放学，就会把孩子放到托管班。托管班也是在教室内学习活动，还是和孩子们心中的玩有差距。

二、去兴趣班。

我经常会收到这样的请假内容：老师，您好！今天孩子要去上集训课，两点半接。请批假。还有的家长比较直接地写：老师，您好！今天下午给孩子加了两节××课，两点接。请让孩子准时下楼。还有的家长会更直接写：孩子下午要去××班上课，三点接，让他直接到大门口找我。看到这样的请假条，我不知道作为老师是不是该批。学校的课程是国家规定的，家长给孩子们报的课程是对孩子素质教育的补充，二者是统一的，不矛盾，但是如果时间冲突了，哪个为主，哪个为辅呢？这个孩子连正常学校上课的时间都要去兴趣班，那么可想而知他又有多少时间可以玩呢？

三、回家写作业。

以上两类孩子毕竟还算少数，一般一个班里上托管班的比例在百分之三十左右，放学后去兴趣班的所占比例在百分之三十左右。而放学直接回家没有安排兴趣班的有百分之四十左右。

在学校要不停地学习，学习，再学习，在校外则围绕学和写展开。孩子们的生活被悄然改变了，学习变成了全部，玩变成了梦想。而玩是天性，学是后天所需。

在这长达二十七年的教学生涯中，我的感受很深刻，以前的孩子身体健康，劳动能力强，动手能力强。现在的孩子太阳下站十分钟就会晕倒，六年级不会用剪刀的一大片，进入高年级不会蹦和跳的也大有人在，自己的房间凌乱不堪，不会烧热水，不会做一道菜。

试想一下，如果您的时间都被工作占据，您的工作热情还会高涨吗？您的兴趣爱好被剥夺，您会抗议吗？

# 快餐式的学习方法，让写作业变得痛苦

快餐的出现给我们节约了大量的时间。我记得我年轻的时候，肯德基、麦当劳这两个世界一流的快餐业已进入我们的生活，那个时候体验的人不是因为它多快，而是它的口味和中餐截然不同，打开了我们味蕾的另一种需求，让我们感受到了外国人的"美食"。后来随着时代发展，我们发现这种食品不仅味道适合年轻人和小朋友们，它还点餐方便，等候时间超短，食用时间成本少，更是让大家喜爱它。中式快餐、西式快餐、韩式快餐如雨后春笋一样出现在我们的生活里。作为老师，我发现快餐式的学习方法，也悄悄地侵入到孩子的学习过程中。

以我为例，我教一年级的时候，汉语拼音随着教学改革的推进，已经被安排在语文的第二个单元，这种安排很合理，拼音相对于汉字更抽象，如果一开学就学习拼音，在孩子没有听课习惯和听课兴趣的时候，就讲授孩子很难理解的拼音，会降低孩子的学习兴趣和学习效果。问题又来了，上过学前班的孩子拼音很流畅，拼读都不是问题；没有上过学前班的孩子，握笔、认读都很困难。老师就会根据班内学生情况对课堂节奏和内容进行调整，就如同我的教研员老师说："孩子们都会了，老师们还故意当作学生不懂，上课捉迷藏。"捉迷藏不是我们教学的常态，会就是会，知道就是知道，知道了就不占用时间，不会的就要作为重点教授。负责的老师就是引导学生学习不会的知识。

当学生学完六个单韵母后，开始学习声母，同时开始学习拼读，没有上过学前班的孩子，拼读就会非常困难。一节课四十分钟是无法把方法转换成能力的。课堂之下就要采取各种措施。我会让会拼读的学生带领不会拼读的学生，孩子之间的语言和交流是最顺畅的。会在课间，重点进行一对一的辅导。会把拼音制成卡片悬挂在教室内，学生可以随时进行拼读练习，我也会随时进行拼音检查。还会采取定小目标的方式，给进步的孩子一定的奖励，以此来激励学生。但是无论哪种方法，这部分学生都会比已经学过一年的孩子接受得慢，课程还要继续，内容的压力也不允许老师在一个问题上反复训练。这部分学生就遇到知识来得快、消化得慢的情况。

因为学生个体学习经验的差异，造成有些同学不得不采取快餐式的学习模式，在学校学习不扎实，回家训练不到位，差距就一步一步地拉开了。

再比如，学生学习"厘米、分米和米的认识"的时候，通常情况下，老师都会借助各种教具让学生感受，认识到长度单位，但由于科技的发展，电子课件的大量使用，学生不亲自去丈量一米到底有多长，而是借助平面去感受，时间成本节约了，但是知识掌握得并不扎实。

语文教学的作文教学，三年级有这样一篇作文：请你观察上学路上的情景，并写一写。很多孩子不去观察，就是套用书本或者凭借想象，完成写话练习，时间成本减少了，但是没有掌握空间观察的方法。上学路上的景物比较多，每种景物的特点是什么？这么多景物，哪种是最有特点的？它的特点体现在哪里？这些都会在观察的过程中体现出来。而只完成写，就是快餐式学习的表现。

针对快餐式学习现象，老师会根据学生的学习反馈不断地调整和补充，最终达到"快餐式学而营养全"的程度。也就是老师们常说的：知识要反复滚上几圈。而在这个过程中，不同孩子的学习效果和学习能力都会不断地提升。

但是，很多家长一看到别的小朋友拿着满分的课堂检测，而自己的孩子成绩并不理想，就开始着急。家庭学习的快餐模式随之开启。

程程今年一年级，上学前没有过多的知识储备，可以说是零起点进入校园。所以当很多小朋友都可以熟练地计算十以内的加减法的时候，程程即使算 2+3 都要掰手指头。每周一次的口算检测，他总是被老师留下来单独完成的那个。妈妈突然意识到自己的孩子和其他孩子的差距太大了。因此，买来了一大本的口算。每天都要让程程写上三页。小学一年级的口算，对于一般学生来说，一页要写 15 分钟左右，大约 50 道题。三页就要写一个小时，为什么一页是 15 分钟，而三页不是 45 分钟呢？因为低年级学生集中注意力的时间短，过长的学习，会让孩子疲劳，降低学习效率，一旦超过了孩子能够有效管理的时间，所用时间就会成倍增加。

而对于程程来说，三页口算就要写上两个小时。口算都是十以内的，要都是加法或者减法速度还会稍快一点，但是一旦是加减混合，速度会更慢，因为两种计算方法不同，孩子要在思维上转换，就会再增加时间。

妈妈的目的就是想让程程赶紧追上班上的其他同学，出发点是好的，但是方法是不可行的，这种缩短消化时间，缩短应该有的能力的形成时间，是无法达到预期效果的。或者说有效果，但是不会像妈妈期望的那么好。

是不是妈妈这种急于求成的快餐式的学习模式，就可以彻底扭转孩子落后的局面呢？

把知识点转化为能力是一个科学的过程，它是需要时间的。比如今天孩子学习了"忐忑不安"，也许字形都掌握了，但是意思并不理解，即使意思明白了，但是应用并不灵活。只有通过一段时间的积累，才能真正掌握这个词语。这个过程是不可以跨越的。

而往往我们家长望子成龙心切，希望自己的孩子不要掉队，总想通过缩短时间达到好的效果。殊不知这是违反科学规律的，会适得其反。

这样的因为不甘落后、急于求成的快餐式补习方式是快餐式学习的一种。还有一种比较普遍的快餐式学习也会大大降低孩子对学习的热情。

首先有一点我是承认的，在众多孩子中，存在着智商超群的孩子，这类孩子理解能力、逻辑能力、记忆能力、自主探究等能力都要远远超过一般水平的孩子，但是这样的孩子属于少数。同时随着优生优育科学生育观的建立，社会科技迅速发展等多元因素，我自己的感觉，三十年来，孩子们的智力水平在不断提升。孩子们认识能力的提升，几年一个变化。不可否认这种教育的有利形势是存在的。比如，以前孩子在入学前能够数出五十以内的数就很了不起了，现在很多孩子在上学前已经具备了百以内数的加减法的计算能力；以前孩子有了一些常用简单英语用语的储备就很优秀了，现在很多孩子几岁的时候就可以听懂或者用英语交流。

但是，是不是孩子的智力水平发展了，神童就多了呢？也是这种潜移默化的"神童论""多储备论"加剧了快餐式学习。

玲玲在四岁的时候就开始参加数学思维训练班，在五岁的时候，已经学习了小学一年级下册的"比一个数多几或者少几的问题"。

比如：盒子里有 4 个红色的球，白色的球比红色的球多 5 个，白色的球有多少个？

为了帮助孩子理解题意，可以采取画图的形式，用圆圈代替红球，用三角形代替白球。呈现的图是：

○○○○

△△△△△△△△△

这个知识点的学习对一年级孩子来说有难度，对于高年级孩子来说也易混淆，比一个数多多少或者少多少的问题知识的应用将贯穿整数、小数、分数和方程的学习，是一个很重要的知识点。老师们会借助各种手段帮助孩子正确建立这个概念，需要一段很长的时间。玲玲不到五岁就学习了这个知识点，而且接触的知识已经延伸到了二年级。即第二问：红球和白球一共多少个？我们就要先求出白球，再把白球和红球的和求出来。

通过数学思维训练课程，未进入校园的玲玲接触了这个知识，但是没有任何评价模式的学习，无法检测玲玲是否掌握了这个知识点，更无法真正检测孩子是否理解了数量之间的逻辑关系。但是她可以借助老师的模拟做出题目。似懂非懂的学习，对她来说是利还是弊呢？我个人的观点是不大赞同这种超越年龄界限的快餐式学习模式的。

长久的快餐式学习，让孩子的学习漏洞越来越多，跟不上学习的节奏，就造成了一个问题：课上听着无味，作业书写真难！古人云：脚踏实地。学习更要如此，跑得过快了，自然就要摔跟头。不管是主观原因还是客观原因造成的，最终需要为它负责的一定是孩子自己！

这样陪孩子写作业才有效

# 不符实际的要求，超越孩子学习承受力

"望子成龙，望女成凤"不知道是不是全世界父母的共同心愿，至少是我接触的家长的普遍愿望。对于这点，我觉得作为家长大可以勇于承认。我在和一些家长访谈的过程中，家长们会说："我没有期望他多优秀，中等就行。"人有远大的理想这是需要鼓励和赞美的。

就像我十七岁毕业的时候，工作被分配到一所北京市朝阳区最小的、最偏僻的小学，全校连工友都算上才十一个员工，但是我回家告诉我母亲："十年后我要当上校长！"可是现在我还是一名普通的一线老师，我没有觉得当年说这句话有什么尴尬的。没有理想和远大憧憬的人会让自己工作缺乏动力，会让自己走走停停。

我每次接过一个班级的时候，（十五年之内，我接过的班级除了唯一一个我从一年级就跟的班级，所有班级都是和平行班成绩相差很大，去年接手的二年级又是年级倒数第一，平均分和最高班级相差 14.8 分。）我一定会告诉我的学生："有王老师在，我们就会是第一名。"经过一年的学习，这个班成绩已经超过了年级平均分，由五名待合格生变为百分百合格。我很骄傲，我有豪言壮语，我有伟大的理想。

但是任何目标的建立一定是建立在可分析的报告上的，而不是空喊口号。我当年去学校报到敢说出那样的话，是因为学校在职老师九名，一名校长，将近退休，三名老师年过五十，一名老师是外校领导挂职，一名老师即将被任命为主任。还有两名代课老师，和我一样年轻的只有一人。所以我敢这样说，因为我要战胜的对手很少。只要我比她努力，我成功的机会就会大于百分之五十。

二年级接手的班级，在一年级就出现了明显的两极分化，优等生和后进生的比例基本为 1:1，几乎没有中间生，说明这个班不是学生问题，而是老师的教学方法和管理方法出现了问题。孩子们在以往的学习中更多的是依靠自己的力量，没有体现出老师的引导作用，正常班级学生的学习状态的分布，会是一个纺锤体，两头的学生少，中间的学生多。中等以上的学生包括以下的学生是在老师的引导下，有序地稳步提升能力。

面对这样的班级，改变管理方式，提升课堂教学质量，后半部分的学生就会进步为中等生。而一个正常班级优秀学生的占比一般是四分之一，而这个班学生能达到二分之一，说明班级学生素质较高，提升空间很大，班级成绩的稳定性会很强。

所以我敢和学生夸下海口，是建立在自己冷静分析的基础上的。我这样说，是为了说明我的第二个观点，人在有梦想的基础上必须要有一个清醒的认识、客观的自我评价和分析。

在我从教的过程中，有远大理想但缺乏正确判断导致孩子学习压力大的家长不在少数。

### 一、目标制定不切实际

笑笑一年级的时候，入学一周后就表现出了学习理解能力较弱，记忆力不强的特点。

无论是哪科，理解能力弱的孩子都会感到吃力，而记忆力再差就如同雪上加霜。在前期和笑笑妈妈沟通的过程中，我对孩子的评价就是妈妈不客观的目标设定，让孩子已经厌恶学习；超越孩子能力水平的教育投入和开发，已经严重伤害了孩子的学习兴趣。后期，和孩子深入接触，根据孩子在课堂上、作业中、试卷里的表现，都可以感受到这个孩子学习能力较弱，属于需要老师重点帮扶的对象。每次，在我竭尽全力的帮助下，孩子取得了一个我认为比较满意的成绩时，妈妈都是满脸的失望。妈妈说得最多的一句话就是："我都不知道怎么帮这个孩子了。怎么又这么差！"

很多家长都会觉得，只要我克隆优秀孩子的学习模式，就可以克隆出一个优秀的孩子。我个人认为这种认知是不正确的。培养孩子和种树不同，如果将品质优的树苗嫁接到一般树苗上，会改变树苗未来的发展。物物的克隆对接，是可以收到高效益的。培养孩子用这种简单的方式就不可行。我们必须客观地分析孩子的原生家庭，了解孩子成长环境中可以吸收到的营养成分，从遗传学角度分析孩子可能具备的能力和潜能。更要知晓适应其自身发展的特点，具体地、科学地测查适合孩子的学习方式。还要尊重孩子的心理发展特点，而不能一味地以家长的心理需求作为出发点，认为"我的孩子应该怎样，我做了什么，就一定会怎样"。这二者之间有关联但不是绝对关联。家长需要给孩子制定目标，长期发展目标需要有，短期目标更要有，目标的制定要量力而行，要根据孩子的具体情况确定。"拔苗助长"式的目标规划是不利于孩子发展的。

如果孩子是八十分，要从八十一分开始，进入八十一分之后再想八十二分。如果这个也达到了，可以尝试进入八十四分，这样不间断地制定小目标，根据孩子的能力，逐渐落实；而不要采取跨越鸿沟式的方式，强行让孩子从八十分飞跃到一百分，那对孩子来说一定是痛苦的！哪怕他真的得了一百分，也会身心俱疲。

## 二、能力评估不够客观

一个朋友的孩子今年要升初中，妈妈希望她进入实验班，所以找我这个总教六年级的朋友做一个评估。妈妈带来了孩子的一些学习资料和考试资料。

孩子的作业书写规范，一本作业找不到一个错，评级：优秀。

但孩子的试卷难度较低，题目形式比较死板，不够开放，能力测评水平不突出，成绩虽都达到优秀，但是考虑试卷的因素，评级：一般。

孩子的书本笔记较多，但是都是以抄资料为主，没有自己理解的过程体现，学习态度很好，深度理解不到位，自主要求不高，评级：一般。

妈妈还带来了一份孩子做的升学综合试卷。我一看吓了一跳，基本知识不清晰，基本概念混乱，解题没思路，卷面成绩目测不到五十分。评级：较差。

借助课本知识点了解孩子的思维水平、思考习惯、学习态度。探究一道分数问题，题目难度中等以上。孩子看到文字，没有分析切入点，不能清晰表达自己的思考过程，不会借助图形等手段进行分析，缺乏探究精神，学习自主力不强，解题失败。借助一篇文字，了解孩子对文字的理解和表达情况。孩子能够读懂文章，表达比较清晰，但是答题不严谨，只流于表面，思考缺乏层次，文字表达逻辑性不强，结构头重脚轻，语言比较唯美。学习能力综合评价：一般靠下。

和孩子访谈了解班级情况，一到六年级，班上换了多位老师，班级纪律较差，老师三十几岁。在班级家长的要求下，曾经一年换了三位老师。说明班级没有形成良好的学风、班风，教师管理班级顾虑多，教师的管理手段不到位。和孩子访谈，作业完成是在什么情况下？孩子回答：老师课上带着做。所以孩子的作业才表现出书写工整，正确率百分百。班级成长环境评价：较差。

最后我告诉妈妈，根据孩子的具体情况，先改变她的学习方法，提升学习成绩后再考虑她上什么班级。我个人给出的建议是：顺其自然。因为孩子目前的情况，即使进入了重点班级，学习也会吃力。

很多家长只看到自己孩子的作业状态，却不知道作业的含金量，所

这样陪孩子写作业才有效

以对孩子进行过高评估。我在教高年级时，家长经常会说："孩子一二年级的时候可好了，总得一百分，一到了高年级就七八十分了。"家长不了解知识的学习过程和孩子学习能力，对孩子的评价仅仅依靠"曾经""某某老师说"等没有量化标准的评价，也会造成家长对孩子评价的不客观。

### 三、对孩子的特长和能力没有足够了解

硕硕是一个非常可爱的二年级小朋友，他心态阳光，活泼开朗，很聪明。也许是年纪还小，对学习的全部认识就是"写字累，玩开心"。所以，每天催着他做作业就是妈妈最辛苦的事情。

因为学习语文要写好多字，所以硕硕最不开心写语文作业。他最不配合的就是写作，原因很简单：要写很多字。四幅看图写话，班上同学最多的可以写到一百五十字以上，而硕硕最多只能写出三十个字。十五分的写话成绩，他也就能得到八分。妈妈想了很多方法，给他找了很多练习让他一个一个地写，除了练就了妈妈的狮吼功夫，硕硕的状态并没有改观。

是硕硕真的写不好字吗？是硕硕真的没有语言天赋吗？

硕硕是左撇子，从一开始就用左手写字，妈妈总觉得，他写出的字和其他同学的不一样，所以妈妈就强迫硕硕用右手写字。硕硕对妈妈的这个决定十分不满，也采取了极端的方式反抗，但是最终还是被妈妈的家长权威给镇压。用右手写字，用硕硕的话说："好疼，写每一个字手都好疼。"为了体验硕硕说的这种疼痛，我自己用左手写了几十个字，字体丑先不论，我能感觉到硕硕说的写字的痛苦，不要说完成一个字，就是完成一个笔画都好难。妈妈强迫硕硕用右手写字，无形中加大了硕硕对写字这件事的厌恶。

一次偶然的机会，我看到了硕硕画的画，那是一个冲拳向前的壮汉形象，我能够感觉到一个有力的拳头向我打来，一种画面感视觉冲击力

深深地感染了我。我问他："这是临摹的吗？"他坚定地回答我："我自己想的。"一个具有想象力的、能够创造画面的孩子不可能看不懂画面！我带着他按照从整体到局部、从上到下的空间顺序，观察图片内容，引导他发现更多的细节，展开合理的想象，结果一张单图他写了一百二十八个字。

这么优秀的孩子为什么在妈妈的眼里变成了差生呢？硕硕的优势是想象力丰富，劣势是右手写字难。如果利用他善于想象的特点，先让他对画面展开叙述，然后再组织语言，落实在书面上，就可以改善看完图就写的状况。

对于低年级的小朋友，家长的鼓励和引导很重要。不要轻易去否定孩子，而要用欣赏的目光去发现孩子的潜质，把不可能变成可能。

有一句话说："要叫醒一个装睡的人很难。"要每一名家长都做到客观评价自己的孩子更难！可是家长的不客观，就会造成孩子成长的不幸福，让孩子痛苦。

# 不断升高的标尺，让孩子永远看不到尽头

俗话说"这山望着那山高"，除非科学测量，在群山之中，我们总会觉得对面那座山峰是最高的。对孩子的要求，家长们也常常如此，让刚刚爬上一座高山的孩子没有喘息的机会。

我有一个学生，他今年上大三。他在小学的时候真的不突出，甚至属于学困生。他是从幼儿园大班直接升入小学的。那时候大部分家长都会选择在幼儿园大班的时候，让孩子上学前班，接受更全面的学前教育。他因为没有接受学前教育，所以做数学、写汉字、读拼音明显比其他孩子要慢得多。特别是口算，开学一个月进行口算考核的时候，三十道题，他只完成了十二道。其余差的同学也就是三五道没做。妈妈拿着卷子哭着说："这可怎么办呀？我不求别的，只要差不多就行呀。这差得也太多了！"

到了中年级，他的成绩已经到了班里中等偏上的位置，特别是语文，因为他从很小的时候就开始认字、读书，别的小朋友在写学前班作业的时候，妈妈带着他在书店看书，爸爸带着他在图书馆阅读。每个周末都是图书馆开门他第一个进，图书馆关门，爸爸才把他带回家。这时妈妈却说："要是像人家班长，能考个满分就好了！"

到了六年级毕业的时候，他的数学得了满分，语文九十九分，英语九十八分。而且进入了一所重点初中，但是入校考试的时候，他的成绩

排在年级四百八十名，全年级共五百四十名，妈妈又哭着说："这可怎么好呀？你要考上高中呀！好歹要上个大学呀！"学校的前三百二十名基本可以上高中。

他是一个非常刻苦的孩子，又深深喜欢自己的任课老师，配合老师完成各项学习任务。到了初二，他已经进入年级前一百名。妈妈又说："要是能考到前八十名多好，就能上重点高中！"

最后，他以区里前五百名的成绩，考上了最好的高中。高一考试，他成绩倒数。妈妈又哭了："这个成绩是没法上 211 大学的呀！"

当然，最后他在自己的努力下超过一本线将近一百分，进入了一所重点大学。

我讲这个故事，不是说孩子有多么努力，而是家长的贪念在不断地扩大，孩子每一次的努力妈妈并没有看到，她每一次都会有一个新的、更高的诉求。现在这个孩子尽管上了自己想去的学校，选了自己想学的专业，但是他并不快乐，甚至有些抑郁倾向。大一的时候，他很痛苦地哭着和妈妈说："我无论怎样努力，你都看不到我的进步！"

这个孩子是幸运的，因为他在自己足够努力，老师足够帮助他的情况下，家长足够支持他的前提下，不断地进步，并取得了一个不错的成绩。但是，在我的工作中，更多的孩子，是付出了很多努力，而表现出来却是原地踏步，并没有变成优秀生。

这种现象，在写作业中就更是体现得淋漓尽致。

很多时候，孩子做了认真写作业的心理准备，而且是已经在落实行动了。当孩子把影响自己的玩具收起来，把椅子放正，眼睛不再看电视的方向，心里不再想 iPad，而是全神贯注投入到作业中，妈妈看到这样的精神状态也会开心，但是一旦孩子受原有习惯的影响，比如写作业开始快，中间有愣神，妈妈就会大吼："你不是说，今天好好写吗？怎么又磨蹭！"而完全忽视孩子最初良好状态的存在。忘记了要和孩子自己比，今天比昨天至少有了好的表现，而只是把目光盯在了糟糕的表现上，把孩子做出的努力全部抹杀。

有一年我带六年级，记得有一次，我接到了家长的一个视频电话，妈妈在电话里，已经气得气喘吁吁，可见之前已经爆发了一次和儿子的战争。

妈妈气愤地说："王老师，您把他开除了吧。做了五道题，错了三道。改了二十分钟，还是错的。我给他说了错的、错的，彻底一个字不写了。别让他上学了，反正也学不会。"我安抚完妈妈之后，和孩子视频，让孩子把经过给我讲述清楚。

孩子这两天有了进步，放学的时候，我鼓励他："你今天只要把作业写完，明天你就做值日班长。"孩子已经期盼了很久要做值日班长，离开学校的时候反复保证："一定完成任务。"孩子的爸爸工作很忙，妈妈要照顾生病的爷爷，还要照顾一个一岁多的妹妹，还要去姥姥家给姥爷做饭。所以尽管不上班，可是每天的事情也不少。孩子在低年级又没有养成写作业的好习惯，经常是作业本一片空白。

后来我发现这个孩子很有集体精神，愿意为集体服务，特别想成为值日班长。我觉得这是激励他的一次机会。放学前就和他有了这个约定，还把这个重要约定告诉了妈妈，期待找到一个好的教育点，可以改变这个孩子。

回到家，孩子就一板一眼地写作业，每一个字都写得很认真，但是毕竟长时间不认真学习，存在很多基础问题。当他完成了当日的五道常规思维训练题后，妈妈为配合我的教育，给孩子检查作业。检查到第二题的时候，就发现了错误。这时妈妈还能压住火，检查完看到有多道错误，心中的怒火已经开始升腾。在自己的克制下，给孩子讲解，但是妈妈讲的孩子还是不理解，改来改去还是错的。妈妈愤怒了，就爆发了母子大战。

知道事情原委后，我笑了，在视频里给孩子竖大拇指。"我觉得你很棒！你完成了自己的承诺，明天的值日班长就是你了！"孩子既兴奋又不好意思："老师，我错了很多。"我和妈妈说道："我们今天的目标是完成作业，孩子达到了呀！改正错误是更高的要求。是您改变了我和孩子的约定。他今天的表现我很满意了。错题，我来给他讲。"妈妈脸上的怒气一下散了。我继续说："我们对孩子的要求要一点点落实，不要急于求成。写完作业和写好作业差距太大了。先做到坚持写作业，后边的事情，我们慢慢来。"

通过视频，我给孩子把错题讲了。看着孩子很不好意思的样子，我笑着对他说："如果你每天都像今天一样坚持写作业，我相信你的作业错误会越来越少。你相信王老师吗？"

孩子使劲点头。

就像我在案例中说的，写完作业和写好作业是有差别的。这是两个不同的要求。因为家长不断提高对作业的要求，让孩子恐惧写作业，也让家长谈作业色变。

有的家长，会把最优秀的作业作为标准。还有的家长，要优中求优，让陪写作业的道路越发艰难。还有的家长在优中求优之后，还要加量。

小星是一名名校六年级的优秀学生。

小星又淘气又聪明，从小就参加各种比赛：钢琴比赛拿过全国金奖，小号比赛拿过北京市冠军，机器人比赛更牛，拿过亚洲金奖，数学、英语等学科比赛也有全国奖项。

小星家在北京属于中产以上，父亲和母亲名下都有公司，居住在学区内的高档社区，他完全没有为了将来就业必须苦学的压力。

就是这样的一名孩子，您知道他的学业压力有多重吗？学校内的我不用赘述，六年级的孩子面临着毕业考、初中摸底分班考（现在教委明令禁止）……从学校放学的那一刻开始，小星的时钟就开始以秒为单位启动。

| | 离校时间 | 用餐形式 | 课程安排及时间 | 晚餐时间 | 学校家庭作业 | 家长补充作业 | 休息时间 |
|---|---|---|---|---|---|---|---|
| 周一 | 16:30 | 车上简单加餐 | 外教训练营 17:00—19:00 | 19:30—20:00 | 20:30—21:30 | 22:00—23:00 英语作业 | 23:00 |
| 周二 | 16:30 | 车上简单加餐 | 奥数 17:00—19:00 小号一对一 19:30—20:30 | 20:30—21:00 | 21:00—22:00 | 22:00—23:00 奥数作业 | 23:00 |
| 周三 | 16:30 | 车上简单加餐 | 英语阅读辅导 17:00—19:00 19:10—20:10 钢琴练习 | 20:10—20:30 | 20:30—21:30 | 21:30—23:00 奥数作业、英语作业 | 23:00 |
| 周四 | 16:30 | 车上简单加餐 | 作文和阅读一对一辅导 17:00—19:00 19:10—20:10 钢琴练习（或者小号练习） | 20:10—20:30 | 20:30—21:30 | 21:30—23:00 语文作业、英语作业 | 23:00 |
| 周五 | 乐团活动 18:00 离校 | 餐馆用餐 | 机器人课程 19:00—21:00 | | 21:30—22:30 | | |
| 周六周日 | 全天兴趣班课程，每天约六个小时。 | | | | | | |

　　小星的时间安排堪比一个繁忙的国务卿。小星写字速度很快，做题正确率很高，每天写学校学科老师布置的作业速度都很快，但是一写校外辅导老师布置的作业，速度就会大大减慢，基本要花费学校作业四倍的时间。这是为什么呢？是校外老师的作业难度大？是校外老师的作业要求高？是校内作业更吸引孩子的兴趣？回答都是否定的。

真正的原因很简单，小星知道他写完一项作业，后边还有一项作业等着他，通过延长作业时间，而减少后边作业的内容。因为那些作业是可以调控的，校内作业老师是需要批改的，完不成老师这关过不去。而妈妈和校外老师布置的作业，一周才一次，还有时间处理。

我们总说人要有一个目标，并且这个目标需要高远。家长希望孩子们的目标定在高高的山顶，这样即使他们处在山腰位置，也不会落后。家长的想法我可以理解，我们让孩子们学习的目的是什么呢？如果把孩子变成一个只会按照计划表旋转的生物体，而没有自己的喜怒哀乐，没有情感的宣泄，没有情绪的释放，我们又会给孩子们留下什么呢？小星是一个非常优秀的孩子，可以接受家长给安排的一切，每天像陀螺一样地旋转，几年的旋转已经让他适应这种节奏，但是在这个快速旋转的过程中，他丢失了一个重要的能力——体验。我看过小星的作文，每次写作文对他来说就是一场痛苦的经历，他无法揣摩图片中人物的想法是什么，不会感性地看待世间的美好和丑陋，我经常开玩笑说："看你的作文，感觉你是零情商。"小星的时间已经被知识学习充斥得满满的，也许他真的练就了一身的本领，同时他也丢失了人最宝贵的财富——情感。我问过小星："你想过为什么要上这些课吗？你喜欢哪个课程呢？"小星告诉我，有两个课程是自己选的，其他都是妈妈帮忙选定的。不上也不行，反正就是，去听课就去呗，写作业就写呗，没写完老师也不会说什么，就是老妈会唠叨几句，唠叨就唠叨吧！

制定目标是为了让我们有一个明确的方向，但是如果目标制定得就有问题，方向又怎么会对呢？对于小孩子，特别是小学阶段的低年级的小朋友，他们连模糊的人生观都谈不上，是需要了解他们的家长作为助理，帮助他们找到适合自己的目标，帮他们把好人生的方向盘。在这个过程中，我们不仅需要耐心，需要信心，也需要更多理解孩子的心。

# 重结果略过程的学习方式，加大作业的难度

**一、数学的解决问题直接帮忙。**

现在评价一节好课的标准之一就是课堂上学生直接参与学习的时间要多，即，学生说得多，写得多，讲得多。和传统意义上的老师讲学生听，已经有了天翻地覆的变化。这种教学模式的改革，在最初走入我们课堂的时候，对于老教师来说接受起来会更难，要改变一个人固有的思维模式和方法是一件很难的事情。我属于中年老师，也有十来年的教育资历，说实话，自己也很不习惯。

我们以六年级数学"图形的放大与缩小"为例，以前讲课就非常简单，展示图片，找出变化，引出规律，老师讲学生听。但是改革后，学生根据生活经验发现问题，同样一个人，照片的大小变了，但是人的样貌没有任何改变，这是为什么呢？抛出这个主问题，学生进入探究的过程，这里又有很多层次，最后学生找到规律：长宽都是相同的比例，图形大小改变但是图形的样子没有发生变化。这是以学生探究为主，老师只是起到一个引导的作用，课堂上是学生大量的科学验证过程。这样的课堂看似比以前老师讲学生听的费时间，但是启发了学生的思维，引导孩子去思考，自己解决问题。孩子的收获比一个"图形放大或缩小"的结论重要得多。

孩子有了探究的意识，就会用这种意识去探究新的问题。我经常和

我的学生说，要记住一个学习数学的重要方法——化繁为简。我们用简单的数据去解决复杂的问题，重要的不是数据本身，而是研究的过程。

我记得学生在学习竖式加法的时候，在解决相同数位对齐这个难点之后，进位问题就是难点。口算的时候，我们知道满十进一，比如3+9=12，孩子用凑十法知道3分成了2和1，9和1凑成了10，10+2等于12，这个计算过程中体现了满十进一。但是在算式的过程中我们看不到这个"10"，十位上的1只是代表结果。9和3相加等于12，2写在个位上，十位上的1写在哪里？

在课堂上，孩子们就开始想各种办法，有的写在9的下边，有的写在3的头上，有的写在数字的旁边……我们都知道进位1要写在十位上，因为它代表1个十，而孩子们在刚接触竖式的时候并不知道它写在哪里最妥当。这个过程就要和孩子们一起研究，在大家共同研究之后，统一意见发现写在9的前边，3的下边最好。既表示了1的意义是1个十，又不容易忘记，计算起来还很简单，是最优化的。优化就是数学研究的目的，我们不仅要学习知识，更要知道不同的方法都能解决问题的前提下，如何选取一个最优的方案。

一个数学知识的背后，传达给孩子的是学习的意义和价值，是支撑学习的理念和方法，同时也是探究的精神、实验的意识。这样的课堂学习才会传达出更多的有效信息。

反过来，孩子不参与这样的探究过程，只是记住竖式中相同数位对齐，满十就要写一，死记方法，一旦遇到题目有一点变化，孩子解决起来就会很困难。

我记得有一个广告。孩子有不会做的题目，问妈妈，妈妈拿起笔给孩子做，最后孩子说你做的方法和老师的不一样。为什么出现这个问题呢？妈妈解题的方法不重要，重要的是妈妈解题的过程有问题。不是引导孩子一步一步地理解题，而是把自己的理解全盘托出。

一幅图，左边有四个碗，右边一个大问号，底下一个大括号写着9。很多家长就会直接告诉孩子9−4=5，而不会引导孩子看懂图。这个引导的过程首先是孩子自己能够看懂什么，哪些他没有看懂。需要家长引导的是他没看懂的部分，而不是整道题。而家长并不会去了解孩子的已有能力，而是直接帮助孩子解答。

解决问题是考察学生用数学解决生活中实际问题的能力，它属于能力题。既要有相关基础知识的储备，还要有生活经验的积累。很多孩子做错，是缺乏生活经验。比如在一个长3米、宽2米的小箱子里装边长40厘米正方形小盒子，能够装几个？这里要考虑长可以放下几个，还要考虑宽可以放下几个。也就是 $300 \div 40 \approx 7$（个）$200 \div 40 = 5$（个）$7 \times 5 = 35$（个）。因为盒子不能切断，所以就要考虑省去长不够40厘米的地方。而孩子们会写成 $300 \div 40 = 7.5$（个）$200 \div 40 = 5$（个）$7.5 \times 5 = 37.5$（个）。

不管是基础知识的问题，还是像这样缺乏生活经验的问题，解决问题因为要进行逻辑思考，如果在某一个点上出现了阻碍，逻辑就行不通，哪怕就是一步之遥，孩子还是无法到达终点。很多家长就会忍不住一步一步地告知孩子。

高年级数学中这种现象会更突出，比如分数问题，当孩子有不会的题目时，家长就会先自己看，然后列式，最后对照列式一步一步地给孩子讲出来。最后还会问一句："你听懂了吗？"聪明点的孩子可以借助结果理解思考的过程，思维慢一点的孩子可能听了很多遍都不懂，最后家长就开始大吼了："怎么给你讲，你都不懂！"因为家长把文字用抽象的符号概括出来，孩子看文字都没看懂，看这些抽象的符号就更难了。

简化了中间的过程，呈现了最终的结果，这是本末倒置，孩子不懂是在情理之中。如果我是这个家长，还是要回到学习主体——孩子——看懂了什么，哪里没有看懂，我们要借助数学解题的策略，比如画图，画什么图都可以。画图是一种非常好的帮助理解的手段，图形可以加大直观性。而这个画图不是家长完成的，是需要孩子作为学习主体完成的。不要去强调图的正确性，只强调图的展示性。甚至找到家中可以当学具的东西加以演示，帮助孩子把不理解的文字直观化，帮助孩子解决他的问题。

很多家长急于让孩子跑到最前边，直接拿出公式或者算理的不在少数，最初我们看不到弊端，而且感到自己的孩子比其他孩子学习的内容还多。但是没有学习过程的体验，时间久了就缺乏思维方法的训练和学习方法的提炼。越到高年级，孩子越呈现概念不清晰、解题没有方法、思路不活的现象。

二、写话等语言运用的题目代为完成。

作文是语文知识模块中运用的环节。孩子学习了语言的相关知识，把这些知识整合后，借助习作表达出来。

很多家长问我："王老师，怎么让孩子会写作文呀？"很多家长急于让孩子写出一篇美文，就会帮助孩子一句一句地写，因为，孩子写的语言不够美，不满意！孩子写的内容像流水账，不满意！孩子的故事不精彩，不满意！N个不满意之后，就开始亲自上阵了。最后，发现孩子连流水账都写不出来了。

我们学校占地面积不大，也谈不上风景优美。我发现秋天的时候，学校整面墙的爬山虎特别漂亮。在全校上完操要往班里带的时候，我带着孩子们走到爬山虎前，看红彤彤的爬山虎，让孩子们去触摸自己最喜欢的一片爬山虎的叶子（当然不可以破坏植物），有的孩子还看到了爬山虎像黑豆一样的果实。然后我让大家退后十几步再整体看爬山虎。孩子们突然感觉到一块巨大的美丽挂毯出现在眼前。其实，每天孩子们都可以看到爬山虎，但是却没有真正地观察过它们。因为马上就要上下一节课，我们在最后一个班级离开操场的时候，也跟着队伍离开了。

第二天，我们到了操场，我让所有同学回头，再看看昨天的爬山虎什么样。有的孩子一下就感叹道："太美了，像一片红色的海洋。"七嘴八舌地说了两分钟，整队上操。

第三天，我们又是观察爬山虎，仔细的孩子发现，阳光照耀下的爬山虎是红色的，阳光照射不到的地方爬山虎还是深绿色的。还有的同学发现藏在里边的叶子小，长在上边的叶子大。

一篇"爬山虎"观察作文诞生了。

交流之后，修改，再写"爬山虎"，语言更加生动。

再次交流，修改，再写"爬山虎"，想象更加丰富了。

一种平时被孩子们忽略的植物，就在一日日的观察中成为一篇美文，这个观察探究的过程，就是孩子习作的过程。如果只是给孩子一个题目就让他闭门造车是一件很难的事情。

前文我说过快餐式的学习，让学习很难，作业更难，再加上要结果轻过程的学习模式，孩子们学习就难上加难。

有的时候，真的不是孩子不会，是家长没有给孩子找到从原地出发到终点的道路，孩子才会迷路，以至于这条路越走越黑。语文阅读这方面的问题就更普遍了，因为语文阅读中没有路程÷速度=时间这样的公式，也没有诸如画图这样可以借助的策略。家长只有直接告知标准答案，导致作业做了一堆，孩子还是原地踏步走，能力并未提高。家长还会愤怒："都做了多少遍了，还错，还错！"

三、综合性实践作业越俎代庖。

社会实践是教育体系中不可缺少的一个内容。在一段学习之后，或者某一专题学习时，老师们会布置一些实践性作业。低年级的以画一画最为普遍。比如：劳动节出一张有关劳动节内容的小报。这本来是孩子们眼中的劳动节，可往往收上来的作业成人的笔墨浓重，成了家长能力的大比拼。

就在去年，我整理班级综合评价的时候，班上四十二名，只有不到十名同学的综合评价手册是自己独立填写的，其他或多或少都有家长帮助填写的痕迹。

家长之所以越俎代庖是因为对这种"作业"存在偏见，认为这不是作业，和孩子学习任务无关，更和孩子的学习能力没有密切的关联。家长这种认识是不正确的。我们要清楚布置的画张小报、做份科学小制作到底属于学习过程中什么元素，简单地说这类画小报、小制作、小组合作完成的团队作业等非传统意义上的作业隶属于综合实践活动范畴。

综合实践活动是在教师引导下学生自主进行的综合性学习活动，是基于学生的经验，密切联系学生自身生活和社会实际，对知识综合应用的实践性课程，它包括研究性学习、社区服务、社会实践劳动与技术教育等领域，并渗透信息技术教育。

作为一种独立形态的课程综合实践活动，课程超越具有严密的知识体系和技能体系的学科界限，强调以学生的经验、社会实际和社会需要为核心，以主题的形式对课程资源进行整合，以有效地培养和发展学生解决问题的能力、探究精神和综合实践能力，因此综合实践活动课程是一种经验性课程。

可见，综合实践活动不是教学层面的教学活动方式，而是课程层面的一种具有独立形态的课程。也就是这种作业形式已经不再是教学活动，而是孩子初步将知识转化为能力的朦胧阶段。是考察孩子应用知识解决具体问题的能力过程。比如：端午节画一张小报。小报涉及学科有美术、语文、品社。应用了孩子的美学知识，考量了孩子的审美的能力。需要用到历史知识，端午节相关的民俗知识，需要书写内容，也就需要语文知识作为支撑。如果有小组合作的活动安排，就要求孩子有团队意识和相互合作的能力。借助一张小小的画报，打破孩子所学学科的界限，给他们创造使用知识的平台和可能。

如果家长代劳，那么孩子就损失了检验自己学习知识是否具有可应用性的机会。家长的好意，剥夺了孩子把知识转化为能力的机会。

第三章
破解陪写作业难题

?

# 蹲下来看孩子

很多家长都盼着孩子快点长大，孩子长大是一个自然规律。但是孩子在长大的过程中，需要家长付出足够的耐心，家长可以蹲下来，体会孩子成长有多难、多慢。

小豆今年上一年级，萌萌呆呆很可爱。没有家庭作业前，他是爸爸口中的乖儿子，妈妈嘴里的大宝贝，但是有了作业后，他成了爸妈轮流上阵对付的敌特分子。

今天老师留的作业是读书三遍，用学习的识字法尝试自主学习生字；口算一页。妈妈认为口算很简单，都是十以内的加减法，分分钟就可以完成了，所以让小豆先做口算。第一、第二题还好，到了第三题，和谐就被打破了。

问题是：（　）−4=5

小豆想了半天也不会，问妈妈怎么做。妈妈看了看说："你想想谁去掉4个还有5个？"小豆瞪着眼睛想啊想，妈妈在旁边给他助阵："好好想想。"小豆想出了一个数，慢吞吞地写上"2"，在旁边的妈妈见了大跌眼镜，焦急地说："宝贝你再看看，2大还是4大呀，够减吗？"小豆觉得妈妈说的有道理，但是道理在哪里他也不清楚，妈妈说错，肯定错。于是拿起橡皮使劲擦，擦啊擦，足足一分钟还觉得擦得不够干净。妈妈赶紧拦住了他："好了，你再想想，谁去掉4个就是5个了？"

小豆又想了想，就在妈妈又要催他的时候，他写上了6。6比4大了，足够减。妈妈看了差点晕过去，和小豆说："怎么可能是6呢？6减4等于几呀？"小豆拿出不写字的左手，手指不够用，就又放下笔，两只手找到6，又把4个手指按倒了。小豆说："2。""对呀，6减4等于2，怎么是5呢。掰掰手指头也知道呀。"小豆又擦了，写上了7。妈妈实在忍受不住了，脱口而出"9！"小豆的眼泪也开始随着这吼声往外流。

　　妈妈生气地说："你还哭，你还有脸哭，9减去4等于5，这么简单的题，掰手指头你都不会。我快疯掉了。"

　　不管怎样，这道题是过关了，第二道8-（　　）=3。小豆又陷入了沉思，用手指头摆出八个，然后去掉三个，可是剩下的不是三个呀。他自己感觉到了不对。又重新摆出八个，可是应该让几根手指倒下呢？小豆开始为难。一会儿一个，一会儿两个，妈妈的脸色也跟着小豆手指的摆动不停地变。看得出妈妈是在强忍着小豆的选择困难。"你要留下3个，你看你要去掉几个呢？"妈妈的这点提示小豆也知道，但是小豆并不知道应该去掉几个。又一场雷阵雨来了，妈妈一吼，小豆开始掉金豆子，妈妈看了，爆发了更大的怒火。

　　我们经常会说：还有比1+1容易的事情吗？您觉得1+1很容易吗？但是如果让一个没有任何数学基础的五岁孩子来做，它也是一道超级难题。

　　一年级小朋友刚刚接触篇章概念的时候，首先要知道一篇文章是由自然段组合而成的，需要学生数出一篇文章中有几个自然段。

　　比如：

　　冬天到了，天上下起了大片大片的雪花，落在地上白白的一片可美了！

　　小松鼠从树洞里跑出来，说："好大的雪呀！不知道这么大的雪会不会压折了松树，明年我就没有松果吃了。"

小兔子从洞里跑出来，说："好大的雪呀！不知道这么大的雪会不会冻坏了土地，明年我就没有胡萝卜吃了。"

小鸟听到了它们的担忧，说："好大的雪，松树喝够了水，明年会长得更粗壮。土地喝足了水，明年会变得更肥沃。"

小松鼠和小兔子听了高兴极了！

在这篇小文中有几个自然段呢？对于成人来说太简单了，但是对于刚刚接触自然段的一年级小朋友来说，老师们要讲上一个月。我们要让孩子建立自然段的概念，什么是自然段呢？对于小朋友来说，每一段话空两格就是自然段。词语、句子等都是全新的语文知识，这些都需要逐步地学习。

不同年龄段根据知识体系的安排，会有各自的侧重点。

通常家长因为不了解学习对于孩子是一件很难的事情，才引发了家里的鸡飞狗跳。因为您和孩子的站位不同，对于家长小学知识都是已经学习过的内容，属于已经掌握的知识范围；而对于孩子来说，知识是全新的，从知识的呈现到最后熟练地掌握需要一个过程。这个过程有可能是一天，有可能是两周，还有可能是几个月。作为家长我们应该怎么做呢？

首先，改变观念，家长和学生之间存在年龄差。

我们很多时候在辅导孩子作业时大发雷霆，不是不爱孩子，是因为忘记了自己和孩子的年龄差。家长觉得自己拿笔就能写的字，孩子读个三五遍，写个三两遍就该记住了，而事实上孩子有的时候要反复记很多次，反复记很多天，还会出现书写的错误。无论是多大的孩子，学习他自己应该掌握的知识就会有难度，这个难度的系数根据每个孩子的情况而定，我们要尊重孩子，并给予孩子足够的时间和空间，让他们去学习。

具有了这样正确的认识，才会减少和孩子的巨大摩擦。

上面小豆的问题，站在老师的角度分析，他是还没有掌握（  ）-4=5 和 8-（  ）=3 这两种题型，这是十以内加减法的难点。而家长没有站在这个角度分析，就会觉得这道题很简单，因为数字小，根据我们已经有的数感，一下子就知道括号里应该填什么。另一方面我们知道了减法各部分的关系。如果按照减法各部分关系来解答，第一个就是求被减数，被减数等于减数加差；第二个是求减数，减数等于被减数减差。但对于还在借助手指头理解数字意义的小豆来说，根本没有依靠数感解决问题的能力。

我们应该借助实物或者就是他的小手指先帮助小豆找到方法，在建立方法的基础上再练习。比如：（  ）-4=5，减法是表示从整体中去掉一部分。那么去掉的部分是 4，我们就先数出 4 根手指，剩下的部分是 5，我们就可以数出 5 个手指。去掉的部分和剩下的部分合起来就是整体，我们再把 4 根手指和 5 根手指合起来，就可以顺利地得到 9。

也可以借助图形结合的方式。还是把减法的意义作为突破口，去掉了 4 个，先画 4 个圆，还剩下 5 个，再画上 5 个圆。先画的和后画的合在一起就是总的。

无论是摆一摆的方法还是画一画的方法，最后我们都可以发现，是把等号左右两边的数合并起来。这就是孩子发现的规律。再利用这个规律，解决同样的问题，以此来巩固这一规律。

同样的方法可以处理第二题。

小豆不会做这样的题，有可能是上课的时候，没有完全听懂，或者是学习过后遗忘了，因为这道题是利用了减法的意义，但是它属于减法意义的变式题。所以具有一定的难度，也是口算中的难题。孩子出现知识遗忘属于正常。妈妈就应该唤起小豆课堂学习的知识，让孩子用正确的方法去做，而不是让孩子蒙。如果是蒙出来的，下次孩子依然会错。

家长具体可以这样做：

1. 翻阅教材。老师布置的作业大部分是以教材作为根据的。教材是老师和学生共同的工具，老师用教材教，学生用教材学。教材呈现的知识点我们称为例题。在例题之后的部分就是课堂内容呈现，也是老师们处理知识点的依据。为了让孩子们更有兴趣读教材，教材所展现的课堂环节，都是以人物扮演的形式出现的。用学生的头像代表不同的学生，把学生思考的重要过程都用交流的方式展现出来。有的是一个人物一个方法，三个人物就有三个方法。有的是一组人物讨论一种方法，每个人物就负责了一种方法的某一部分，串联在一起就是一个完整的方法。对一些学习的难点，教材还特意设计了精灵人物，小精灵一定是神通广大的，所以精灵的话往往起到画龙点睛的作用。

我们静下来，和孩子一起阅读和温习教材，可以找到最科学的方法，这种再回课堂的方式，把家长的身形变小了，家长既是孩子的引导者，也是参与孩子温习的同行者，能让孩子的学习更加自信。

2. 向孩子请教。一般老师布置的家庭作业都是课堂学习后的知识巩固，也就是老师上课讲解了的知识，家庭作业的内容就是课堂内容的练习的一个翻版，陈述的情景发生了变化，数据发生了变化，但是解题方法没有改变。既然是孩子练习过的习题，那么孩子会有解答的方法。也许在他课堂作业本上，也许在书本上，也许在前几日的家庭作业中。无论在哪里，我们要把它找到。因为老师作业的批改都是及时的，既然做过就批改过，既然批改过就会有方法学习的痕迹。

找到已经练习过的相同内容，听听孩子是怎么讲的。越小的孩子还原老师讲解过程的概率越大，因为小孩子向师性更强，更会在意老师的一言一行。如果孩子说不清楚，也没有关系，适当地引导，帮助孩子回忆、还原学习的过程，我们会找到一些蛛丝马迹。这种家长把自己当作孩子的同学，一起回顾课堂、一起回忆作业的方法，可以更好地借助以往学习经验帮助孩子解决难点。

如果恰巧您的孩子，对于要写的作业一点都回忆不起来，说明孩子的课堂听讲出现了问题，要以此督促孩子上课认真听讲。

其次，建立意识：越是新知识，孩子反应就越慢。

假如让一个二年级第一单元考六十分的学生，学到第四单元的时候，再做一单元的试卷，可以超过八十分，甚至达到一百分。说明孩子学习一个新知识的时候会觉得很难，这属于正常现象，经过反复的训练和应用之后就会觉得知识简单很多。所以，孩子作业中出现了不会做的题，我们可以先放一放，不要急于让孩子一下子就明白。

我经常接待这样的家长，因为孩子某一天的作业有不会的，然后家长拉着孩子学习到深夜，一定要搞明白。当日事当日毕是一种很好的做事习惯，但是放到没有理解的作业中，就是对孩子的摧残了。如果遇到这样的情况，家长努力讲了，孩子还是不会，那么这道题就要放一放。也许过了三五天，这种题孩子就突然明白了。大可不必强迫孩子在短时间内理解和接受。

第三，孩子不是神，老师讲了也不可能百分百会。

很多家长都有这种错误的认识，觉得老师讲了，家长讲了，孩子就应该会。其实讲和会之间还有距离。一节再优秀的课，也无法让全体同学在当堂就掌握所学的知识。不同的孩子会在课堂上吸收到不同层次的知识，一节新课之后，老师还需要借助作业发现孩子的问题，通过练习课整合问题，有针对性地解决孩子新课学习中存在的问题和作业中暴露出的问题。听完老师的课，不会做不能代表孩子没有用心学，也不能说用心学了就一定会做。例题是可以给我们一种问题的思考方法，孩子们还需要在不同的实际中运用方法，因为运用环境的改变，孩子处理问题出现困难，属于正常的情况。

最后，做孩子坚强的后盾。

无论在什么情况下，家长都是孩子最坚实的依靠。孩子遇到不会的知识，本身就会很紧张，不会是大脑内部的思维出现了问题，这个问题的解决需要孩子保持清醒。如果家长一看孩子还有错误，或者理解不了，就开始怒吼，孩子会一下子被击垮。我反复强调，孩子的身心健康永远都是第一位的。家长不能先被这一点点的挫折打垮，让孩子失去依靠。

　　遇到问题应该怎么做？

　　1. 和孩子一起探讨。老师和家长都是孩子学习道路上的搀扶者，孩子遇到不会的我们可以和孩子一起讨论，一起探究发现适合孩子的方法。不要觉得小孩子什么都不会，事实证明，年龄越小想象力越丰富，解决问题的能力越灵活，只要您给孩子足够的信任，孩子就会给您一个满意的答案。

　　2. 请教老师。老师的专业性是无法取代的，教师属于专业技术人才。向老师请教的方法有多种，当天的作业不会，可以注明，告诉老师孩子不会请老师帮助孩子再次讲解。也可以根据老师具体时间的安排，和老师取得联系，当天询问方法。人总是要不断地学习，当我们发现了问题的时候，无论年岁几何都可以再次成为学生向老师请教。

　　陪孩子写作业的过程，不是家长宣告我是主宰者的时候。我们要知道作业的主人是孩子，我们是帮助他们，遇到问题也要和孩子一起解决问题。蹲下来，也许您可以看到一个高大、自信的孩子。

# 耐心可以降服磨蹭

有一种磨蹭叫无奈，这个无奈不是来源于家长而是学生。芳芳今年一年级。她入学后的三次数学单元测查最高分八十八分，最低分六十二分，而一般一年级的数学平均分在九十五分左右，所以她的成绩不容乐观。

妈妈不希望芳芳一入学就远远地落在后边，并且坚信自己的孩子只是暂时没有找到正确的方法，一旦找到了就可以飞速追上其他同学。

妈妈的想法是正确的，很多刚刚入学的孩子，因为没有找到听讲的方法，才会导致成绩暂时落后。这在低年级是比较普遍的，特别是接受学前教育少的同学会更突出。因为老师上课他不知道老师在干什么，听课不会听重点，在写书面作业或者试题的时候，因为缺乏做题的经验，会存在理解的差异性，会南辕北辙。

芳芳口算不好。最初3+5=？这样简单的题都要想半天，妈妈很着急。老师告诉妈妈不会就多算算，慢慢熟练了就会有进步。这个信念支撑着妈妈。她每天都要带着芳芳做口算，题目由十以内的加减法上升到了二十以内的进位加法和退位减法。

7+8=？这样的题妈妈给芳芳讲了无数遍，可是算的时候芳芳还是错。7+8=14这样的结果时有发生，妈妈也会提示芳芳7和谁可以凑成十。芳芳要想很久才能回答妈妈7和3凑成十，妈妈又会问："从8里拿走3个还剩下几个呢？"这下又考住了芳芳，因为减法她一直做得不好。她

这样陪孩子写作业才有效

会一边咬着笔头一边想，想了半天也不知道，妈妈就会提示她掰掰手指头，或者摆小棒。芳芳会从笔袋里拿出一捆小棒，数出 8 根，然后去掉 3 根，还剩下 5 根。芳芳就知道 7 从 8 里边借走了 3 个凑成了 1 个十，还剩下 5，所以 7+8=15。

基本上每一道这样的进位加法都要经过这个过程，妈妈不知道怎么帮助芳芳。因为刚刚写完 7+8，从 8 里借走了 3 个，把题换成 7+6=？芳芳就又不知道 7 和谁可以凑成十了。面对芳芳的不理解和记不住，妈妈要做到佛系很难，会不时对孩子嚷上几句。爸爸听到了还会责怪妈妈脾气太躁了，两人交换过来，爸爸继续陪着芳芳练习。可是爸爸的耐心远不如妈妈，经常是做到第三题就开始和芳芳大吼。芳芳被吓得直哭。

不仅口算如此，拼音、写汉字、组词，样样如此，都需要妈妈反复地讲解，芳芳才可以找到正确的答案。做三十道口算，用半个小时是常态。芳芳的这种磨蹭绝对不是简单的不用心或者边写边玩能解释的。也许芳芳暂时对数字不敏感，数感差，也许是芳芳还没有找到正确的记忆方法，更重要的一点，就是芳芳的学习能力和同龄小朋友相比属于较弱的情况。

因为孩子自身学习能力弱导致的写作业磨蹭，我们该怎么办呢？

一、要有足够的耐心。

常言道：五根手指不一样长。一个群体里有智慧超群的学生，也会有学习能力较弱的孩子。一般这样的孩子思维水平较差，对外界的反应速度较慢，对学习方法的掌握比较困难。因为他们捕捉重要信息的能力较弱，所以他们对学习内容的反应速度就会慢，家长在辅导孩子写作业的过程中，要有足够的耐心。不可以用常规的方法对待孩子。

比如芳芳，妈妈提示完她 7 和谁可以凑成 10？可以给足芳芳时间让她借助已有的知识慢慢地回忆；如果回忆失败，可以借助直观学具帮她回顾知识，用小棒摆摆 7 和谁可以凑成 10。

说话的语速上也要比对正常孩子慢。因为芳芳接收信息的能力弱，她把信息传入大脑再反射回来的速度就会比其他孩子慢。放慢语速可以配合她的大脑进行思考。

当芳芳知道 7 和谁可以凑成 10 后，就要反复地强化记忆。促进知识在大脑里的储存，每个人的储存速度是不同的，思维较慢的孩子存储的速度就会慢一些。反复强化可以改善效果。

同样的题型反复几道，形成题组。芳芳做完 7+8，就可以做 7+6，7+5，通过一个题组加深巩固，改善学习的效果。

二、突出重点的作业，提升效率。

我们做事要找到重点。还是以芳芳为例，当发现了她 7 加几的问题存在困难，就要适当地放弃其他她已经掌握的口算。不能要求孩子面面俱到，我们只需要做好一点就是最大的收获。比如孩子做完口算练习了，还要复习钟表的知识，钟表的知识我们就可以适当地降低要求。只需要家长带着把知识点走一遍就可以了，而不要再要求孩子把钟表的知识都弄得很扎实。因为这样求全的方式并不利于孩子全面提升知识的掌握能力。

三、纵向看本身的进步，放弃横向的比较。

如果孩子学习能力弱，家长就要调整自己的心态，本着一个目的：帮助孩子更好地掌握知识，提升能力。帮助的对象是自己的孩子，我们更应该看纵向的发展和提高，而不要横向地和同龄孩子进行比较，加大自己的心理压力。

对于能力弱的孩子，家长在乎的其实是自己的面子和尊严，觉得自己的孩子成绩不够理想，就拼命地让孩子努力，赶超其他孩子。这样的做法我个人是不认可的。比如有的孩子一天可以学习两个知识点，而有的孩子只能学习一个知识点，我们要尊重每个孩子的特点。

　　这里就存在一个问题，难道孩子学习能力弱，就该放弃应有的学习内容吗？不是这个意思。因为老师课堂内容的安排不是每日都有新知识的输入。比如一周五天，一般老师会安排三天的新知识课。有些孩子三天就可以完全掌握了，而如果掌握不扎实的孩子就可以靠余下的两天进行追击。所以暂时慢下来，不等于长期慢下来。如果三天讲了五个知识点，我们一天弄扎实一个，五天也是五个。最终理解能力弱的和理解能力强的孩子是一样的学习内容，并且科学的方法可以让学习效果更好。这个道理更像龟兔赛跑，只要坚持不懈就可以达到终点，甚至可以取得很好的成绩。

　　面对学习能力弱，特别是思维能力弱导致的写作业速度慢的问题，更需要家长科学地解决问题，而不是通过吼叫等宣泄的方式加大孩子的心理压力，让孩子生活在不自信中。学习对于孩子一生来说只是很小的一部分内容，而自信可以帮助他去实现很多梦想。

# 一刀切和齐步走的差距

每个班级都会有特殊学生，而且近些年这种孩子的比例在逐步提高。无论是在教室，还是在办公室，我的同事们，都在为这些特殊学生呕心沥血地努力着。孩子们的各种表现让我们这些专业教育者都头痛，更何况是没有专业知识的父母呢？孩子难管，这是一个不争的事实！

对于有学困生、纪律困难生、心理障碍生、身体残疾生的家庭，父母就会难上加难，所经历的那种煎熬，不是孩子能够进入少年大学、连获三好生、上名校的家长能理解的。作为老师，我很心疼这些孩子，更心疼这些家长，他们为孩子的教育可以说是倾其所有。

而这种感受，估计也只有我这样在一线的老师才体会得更深刻。事实上，这样孩子的家长会因此受到排挤、诋毁、歧视，会因为孩子不够优秀失去自尊。

乐乐的妈妈在孩子上小学一年级不到两个月就辞职了，因为乐乐有多动症，每天都会扰乱课堂纪律，老师不得不停下来处理，严重影响了班级授课进度。他课间拿同学的东西，破坏学校的物品，破坏学校正常教学秩序。因为他的好动，班主任和学校领导就要随时跟踪孩子，保证他和其他孩子的人身安全。从孩子的安全角度考虑，学校不得不和孩子家长协商，让家长陪读一段，帮助孩子顺利过渡。

妈妈的笑容随着孩子的入学一下子消失得无影无踪，每日放学别的家长高高兴兴地和孩子们挥手、拥抱，而乐乐妈妈总是在一个不被人注意的角落里匆匆走远。乐乐妈妈多么想让乐乐和正常孩子一样。

因为多动，乐乐的学习成绩也不太理想。因为他无法长时间去注意一个汉字，更无法在一定时间内完成任务。别的小朋友做作业的时候，乐乐会不受控地走来走去；别的小朋友在听课的时候，乐乐的注意力会瞬间转移到地面上的一个小黑点上；别的小朋友可以看懂四线三格，按照老师的要求抄写拼音，但是乐乐看了拼音就忘了格，因为他的思想总是无法集中。妈妈想让乐乐和其他小朋友一样，听写全对，口算全对，所以每天放学之后，就严格看管乐乐。每天妈妈都身心俱疲，但是乐乐的成绩并没有太大的起色。

在我入职的第一天，我的老校长就告诉我：教孩子要因材施教。因材施教是指教师要从学生的实际情况、个别差异出发，有的放矢地进行有差别的教学，使每个学生都能扬长避短，获得最佳发展。因材施教就是指针对学习的人的志趣、能力等具体情况进行不同的教育。

因材施教是教学中一项重要的教学方法和教学原则，在教学中根据不同学生的认知水平、学习能力以及自身素质，教师选择适合每个学生特点的学习方法来有针对性地教学，发挥学生的长处，弥补学生的不足，激发学生学习的兴趣，树立学生学习的信心，从而促进学生全面发展。因材施教具有丰富的现代内涵，它的实施需要贯彻四个方面的原则。因材施教对于教师、家长、学校以及教育公平的实现都具有重要意义。

教师教学是根据学生的个体差异来决定不同的教育策略的，家长也可以借鉴这条重要的教育策略。

在课堂上，我们评价一节课是否是优质课，不是评价这个班有多少名同学做对了；而是看这个班学生授课前后的变化，也就是成长点。每个孩子都会有自己的成长点。比如，一个孩子上课前已经认识了未知数，并且可以根据要求用未知数表述一个具体数；而上完一节课，他仍然只会用未知数表述一个具体数，而不会用未知数表示数，说明他没有太多成长。而另一名学生，在上课前，对未知数的概念一无所知；一节课后，他可以准确用未知数表述数，就说明他有了成长。相比较两名同学，我们会对后者的学习能力和学习效果表示肯定。

家长必须要明白所有的孩子都是不同的，不仅要采取不同的方法，更要设定不同的要求。比如乐乐，对他的要求，就是延长专注力的时间。比如在知识方面，要求他第一次一分钟做一道口算，后来一分钟做两道口算，就是进步。

我接触的很多家长，很大的问题就是一刀切，即别人的孩子学了什么，我们也要学，别的孩子做作业二十分钟，我家孩子也二十分钟，别人家的孩子得了满分，我家孩子也要满分。这不符合因材施教的教育理念。我们要给不同的学生设定不同的学习道路，才能让每一个孩子发挥最大的潜能。

任何事物我们都要分析它的本质特点，写作业这件事也不例外，有的家长就知道孩子写作业慢，写作业差，自己很生气，却从来没有静下心来分析到底问题出在了哪里，因而无法从根本上解决问题。写作业慢主要有哪些原因呢？

一、书写笔速慢。

在赛道上有跑得快的刘翔，也有跑得慢被淘汰出局的选手，写字和跑步一样，有的孩子因为握笔姿势不正确，自身观察能力弱，性格慢热等问题，导致写字速度会比正常孩子慢。一个正常的三年级小朋友，写完一篇一百五十字的作文大约需要二十五分钟，但是某些同学在没有创作和汉字书写困难的前提下，却要写上五十分钟，这些孩子就属于书写笔速慢。这样的孩子写同样的一份作业就会比正常孩子花更多的时间。

写字慢是一个问题。正常情况下，简写汉字的基本笔画数是十点三，一分钟我们可以完成二十五个简笔汉字，如果是低年级的孩子刚刚接触汉字，速度要大大低于这个数字。您可以借助测量的方法预估出孩子的写字速度。比如完成基本笔画横竖撇点等的速度，乘以十点三就是孩子写完一个汉字的时间。如果您感觉孩子写字过慢，就要长期反复地训练孩子写字速度。

　　二、在某些学习上有弱势。

　　有的孩子记忆力强，有的孩子空间感强，同样有的孩子数感差，有的孩子短信号记忆信息能力弱。我们要了解孩子在写作业的过程中是否有某一方面的障碍。如果确定有，就会出现别的同学四十分钟能写完的作业，您的孩子需要一个半小时。面对这样的孩子，作为家长就要做到心中有数，就不能用正常的要求去苛求孩子。家长要有足够的耐心和细心，鼓励孩子，让孩子每天都感受到自己进步的快乐。

　　三、有多动症等特殊问题的学生。

　　我们一个校区一届差不多是三百二十名学生，在入学初期差不多有十来名孩子是问题生，占比在百分之四左右。而这个数据还在不断上升，也就是问题生已经成为学生的一小部分，我们客观认识的同时也要正确地面对。这部分的学生就会存在比别的孩子写作业慢、作业差的现象。我们要给孩子开绿灯，针对孩子的重点问题，有步骤地逐步提高，而不能有攀比心理，非要和班上的其他孩子一个标准。

　　四、一个新习惯建立的初期。

　　一个好习惯的建立初期，因为不适应，会速度慢。比如孩子以前写字乱，您要帮助孩子改正这个坏习惯，就要慢慢地落实，有可能会出现孩子作业开头好，中间又变乱的情况。如果有重写的环节，势必会延长写作业的时间。一个习惯的建立，我们在教育学上非常认可"21天原则"，一个好习惯的建立需要一个过程，家长要科学对待这一过程中孩子出现的各种反复，给予鼓励和帮助。最终才能有好的收获。

# 高质量优于高数量

只要是做了家长的朋友，一定问过孩子这句话："今天作业多吗？"如果孩子说："就一点，我在学校都快写完了。"家长就会不自觉地产生这样的心理："阿弥陀佛，终于不受煎熬了！"但是到了家，孩子真的用了十来分钟写完作业，妈妈又有了心理变化："作业这么少？不行！"就会对孩子说："你把明天上课的内容预习一下。""你再做一张卷子。""你把英语单词复习一下，一会儿我给你听写。"

即使作业很少，家长也不会让自己逃离陪写作业的痛苦。

### 家庭作业少了，就需要增加吗？

首先家庭作业是什么呢？我认为家庭作业是老师根据班级孩子的整体情况，为了实现更好地掌握知识的目的，有针对性地进行的一种学生在家的学习活动。家庭作业的内容是老师有针对性地布置的，是为了更好地提升学习的效果，达到培养学生学习能力的目的。

而大部分家长不是教育专业人士，所以布置的作业是缺乏专业性的。家长自己布置的作业内容是什么呢？

一、自行购买的练习册、试卷。

刚刚放寒假，我就收到家长的微信，内容是："王老师，感谢您这学期对孩子的帮助，孩子有了很大的进步。我想让她下学期能有一个更出色的表现，您觉得她在家可以做哪些练习呢？"

这样的问题就更多："王老师，您能推荐几本练习册吗？"

也有："王老师您好，孩子在家里已经做了某练习册，除此之外我们还可以做什么呢？"

每年放假初期和开学初期，书店的教辅柜台是最火爆的，网络上卖断货也是很普遍的现象。按照一本练习册三十元计算，在北京，一个孩子一个学期用于购买教辅资料的费用都要超过二百元，有的高达近千元。要是孩子把这些资料都用了，所做的练习要超过在校所有作业的三倍。

家长选购练习册的热情，并没有随着减负精神的推进而降低。根据规定，一二年级不留书面作业，想让孩子拥有幸福童年的家长是真的不会让孩子写一个字的，但是这样的家长是少数，更多的家长是内心恐慌之余对老师敬业精神的质疑。

家长担心，不写作业，能学得好吗？那要看学得好的标准是什么。有的学校贯彻国家政策，采取低年级乐考的方式，也就是孩子的学业是不进行试卷考核的，而是采取活动的考试方式，让孩子们做几个游戏，让孩子口头回答一些问题。老师没有压力，孩子没有压力，家长也没有压力，这样的学校，家长一般就不会逼迫孩子做练习册。而进入中年级之后，考试来了，作业来了，家长慌了，因为缺乏作业习惯的培养，到了中年级写作业就很难，就像我们说的很多事情是需要童子功的。而考试就更是问题，要是学校试卷简单些还好，试卷难度一高，家长的心跳就会加速。我们低年级不写作业，不代表中高年级，甚至初中、高中也不写。而最终孩子们要参加区里、省市、国家的考试。没有具体的数字证明低年级不写笔头作业、不考试的和写作业、考试的学生，最终在学业考核上哪个更好。

而我知道更多的学校是对孩子进行能力测评，虽说名字不叫期中或者期末考试，回避了敏感的字眼，但是形式还是借助试卷让孩子笔试。只要有考试就会有压力。

老师的压力第一大，老师是一个特殊的群体，所有的老师都希望自己辛苦的付出能有一个丰硕的回报。在卷面上就体现为孩子的成绩，孩子成绩低了，自己的自尊心肯定受不了。

家长有压力，都是一个班里的娃，为什么人家孩子得满分，自己的孩子仅是合格，是自己不行还是孩子不行呢？

孩子的压力，孩子原本是没有压力的，更不懂考试是什么。一年级的小朋友这点是最突出的。你告诉他考试了，一边写一边玩的大有人在。而孩子在老师和家长双重压力的压迫下，也有了压力，学不好、写不好、算不对，老师就会一遍一遍地让自己写、让自己算，一直到达标为止。到了家里，家长也是一样。

所以，不留作业的或者留作业少的，教辅材料就成了家长的制胜法宝。

二、书本知识的反复训练，重复作业为主。

有些家长给孩子补充的作业比较简单，有时间了让孩子把课后的字词再写写，把书上的习题再做做。重复的作业强化了孩子的记忆，听写、默写的成绩有所上升。有的孩子，家长一听写就知道下一个词语是什么，写书上的某一道解决问题，连题都不用读，再大的数字都不用算，完全靠自己的记忆做题，孩子的记忆力得到了很好的训练。

### 三、各个学校学生家长间相互传阅的学习资料。

社会上购买的习题有它的弊端，比如同样的一本练习册，河北省的学生做，北京市的学生也做，但是我们知道河北的考题和北京的考题还是有差别的。所以统一购买的试卷在针对本校、本地区的练习效果方面就大打折扣。家长们就会建各种群，各个学校的各种资料在群里共享，相互使用。

### 四、各种社会辅导机构提供的材料。

社会辅导机构的运行模式和学校一样，有自己的课程设置，有自己的教师队伍培养，有自己的教材和训练，而且教材和练习册有自己的研发团队。因为家长给孩子们选择了这样的培训机构，自然孩子的作业也就多了一个选择。

田田今年二年级，他是一个非常聪明的小男孩。田田爸爸妈妈都是中专毕业，所以希望孩子今后能够圆爸爸妈妈的大学梦，也希望孩子能够做一个有文化的人。所以从田田上学后，爸爸妈妈就对田田的学习抓得很紧，即使是周末、节假日也不放松。

因为刚刚二年级，田田每日的作业并不多。妈妈觉得写得少，肯定学不好，所以就给田田买了一堆的练习册：口算本，字帖，语文、数学和英语综合练习册各一本，语文专项阅读一本、语文看图写话专项练习一本，数学解决问题专项一本、计算专项一本，英语阅读专项一本。

每天田田必须完成一页的字帖。一页字帖是三个汉字，第一行是汉字笔顺的拆解，第二行是描摹，第三行是独立书写。每一行十个字。一页要写大约七十个字。

口算一页是五十道题，解决问题一页是五道题。看图写话一次作业是两页，第一页上半部是图片，下半部是根据图片提出的一些相关问题，

这样陪孩子写作业才有效

需要回答。第二页上半页是有关图片的习作展示，下半页是习作空间。阅读专项一页是一篇阅读，然后根据文章提出五道左右的阅读题。英语阅读基本相同。

语文、数学和英语的综合练习涉及基础知识和理解运用各个环节的内容。每一次作业是一页。

妈妈下班回到家六点左右，而田田每天放学到家大约四点，这两个小时，姥姥看着田田写作业。田田趴在餐桌上写作业，先写学校老师布置的作业，然后再写妈妈布置的作业。田田是一个聪明孩子，写字速度也很快，计算能力很强，一般口算、练字这样的作业，不大会儿就可以写完。当然，往往是字迹潦草，特别是练字基本不按照田字格写。做数学综合题他也有自己节约时间的巧妙方法，比如答题，就写三个字，答：30 人。因为田田知道妈妈检查的时候是不看答题的，只要过程和数字是对的，就可以顺利过关。

看图字数多，二年级都是联系画面写话。一个看图习作，最少也有四幅图。即使每幅图写一句也要四句。好在田田写字速度很快，字数多，对于他也不难。看图写话的难点是要把每幅图的内容讲清楚。连续的图要观察前后图，把事情叙述清晰。田田也有绝招。他只需要看一眼图，重点去阅读文章后的习作链接，把例文简单地改动一下就可以照着抄了。

站在一个专业老师的角度，我个人认为这样以绝对数量的优势提升孩子的学习能力，对于孩子长期的发展必定起到阻碍作用。

1. 书写潦草会逐步地发展为学习态度不端正。中国有句话"字如其人"，横平竖直地写字，才会规规矩矩地做人。这句话也许有些绝对，但是在孩子学习这件事上，因为书写潦草，就会养成做事不认真的习惯，做什么事都会想着走捷径，慢慢会养成敷衍了事的态度。在我从教的近三十年中，遇到过很多优秀的孩子，无论是上了清华还是北大的，这些孩子都有一个共同的特点——写一手漂亮的字。反过来，很多非常聪明的孩子，因为习惯了"草书"的书写模式，卷面的成绩会忽高忽低，丢题、看错数的概率要高于书写工整的学生。

2. 没有训练目的的练习作用会减半。比如妈妈让田田写看图写话，我们知道每一篇作文一定会有它的训练点，而不是仅仅写上一堆话就代表孩子会看图写话了。要通过训练点的逐层落实，提升孩子写话的能力。图片是平面的，要把平面的内容立体化，图片中的信息如何提取，也就是如何按照空间方位表达清楚图片的内容？两幅图片的人物关系如何建立？这些都需要有正确的方法。没有方法的训练就会造成孩子看到图片没有逻辑地写上一堆废话，最后孩子离开图片还是不会写话，不会运用语言。

妈妈知道田田写话是弱项，有意识地训练田田写话这个出发点很好。但是仅让田田依靠例文去模仿，而没有方法的引导，弱项的改善就不会有显著效果。不如妈妈带着孩子先观察图片，引导孩子把图片的内容说清楚，然后再动笔，效果会好得多。

3. 没有习惯培养的作业是不完整的作业。专业老师对孩子的作业书写是有要求的，格式更是有要求，通过对孩子习惯的培养，提升孩子做事的严谨性和认真性。我看过一个二年级小朋友的作业，每一个汉字不规范的书写，老师都会给批阅出来，哪怕是一个弯写得不够长，老师都会有圈批。数学题的审题过程，借助线条来体现，条件用单线条，问题用双线条，引导孩子做题由审题开始，减少审题错误的产生。好的习惯才能提升孩子学业水平。

田田的作业是以完成作为最高要求，答题简单，解答过程随意。尽管知识没有错误，但是习惯却不好。长此以往，孩子的成绩不会有提高。

很多家长想借助家庭作业帮助孩子的心情我理解，不怕苦的做法也非常好，但是我们要明确学习不是一件简单的事，需要有科学的方法、正确的认知，不是用绝对的数量就可以打败一切的。如果您选择通过给孩子额外布置作业的方法提升孩子的成绩，那么就希望您像老师一样认真严谨。让孩子能有付出也有收获。

针对家长给孩子布置作业的情况，我的建议是：

1. 家庭自留作业也要贯彻落实孩子在校作业的要求。只要是学科老师有对作业的具体要求，即使家长给孩子布置的作业，也要执行这些要求。比如书写要求、改错要求、格式要求等。

2. 劳逸结合。孩子能力再强，也要兼顾休息与学习，适当地调整两者时间，可以降低孩子因为应付导致的问题。

3. 可以参考身边成功的案例。取长补短是我们共同进步的法宝，身边有良好习惯的同学的案例可以作为参考案例，降低家长因盲目性而造成的时间和精神的损失。

4. 科学的量化标准要把握。可以通过和孩子的学科老师交流，了解各学科的学习内容、目标、训练方法。科学地把握尺度，可以事半功倍。

孩子完成学校作业之后家长再加作业到底好不好？我个人认为，该让孩子休息就要让孩子休息，没有作业就没有作业，与其让孩子用不端正的作业态度去完成作业，还不如让孩子开开心心地实现自己玩的愿望。

# 不同学生做不同的作业

在同一个班级上课的学生完成家庭作业的内容可以是不同的。这里所说的不同指根据学生的具体情况进行的分类分层对待。不同的作业，不是指老师根据班内学生数量布置份数相同的作业。班级授课老师布置作业是面向全体学生的统一作业。出现不同是根据学生的个体需要体现的作业差异。

第一类，回家后家庭作业时间有限，最优化利用时间形成的选择性作业差异。

小乐从小受爸爸职业影响，一直学习冰球。他不仅喜欢这项运动，而且常年的冰球运动已经让他比同龄的孩子性格更坚毅，做事更肯付出，纪律性和自律性都很强。有较强的服从意识和时间管理意识。他一周要训练三次，每次的训练时间是五点到八点，一次三个小时的剧烈体育运动，对一个九岁的孩子来说不是一件简单的事情。

进入三年级，书面作业开始增多后，小乐一早就会问老师："老师今天留什么作业？"如果老师可以根据教学进度的安排，确定作业内容是什么，会直接告诉他，如果教学内容调整，老师就无法及时告诉他。他下课后再追着问老师。老师就很好奇，问他为什么想这么早知道作业。他告诉老师："放学后，要赶往冰场，时间很紧张，练完球到家就太晚了。"老师知道这个原因之后，在心里为这个孩子点赞，他能把自己的事情主动合理地安排，这种自主性值得所有同学学习。因此，老师也常常会在班上表扬他。

老师告诉他："打球太累，作业就别写了。"他却说："不累，我喜欢冰球，而且您这点作业不算什么，我们冰球训练可比这个累多了。"冰球给予他的是一名运动员坚毅、吃苦的品质。他能够认真对待作业和训练，这样的孩子就是最出色的孩子。

有很多小朋友和小乐一样，放学后有着丰富的业余生活，甚至是职业规划。早年我的一名学生，就是因为从小训练游泳，成绩突出，在小学毕业后进入专业队，走了专业道路。还有一个孩子，在十岁的时候，因网球成绩突出，被国际网球俱乐部看好，预备在十二岁进入专业俱乐部。还有打高尔夫的、练习美术的，很多孩子都是把自己的兴趣转变成了未来的职业。这样的孩子，作为老师能为他们做的，就是分清主次，不抢时间。以他们的兴趣为主，家庭作业的布置就要灵活机动。

更多的孩子也许有兴趣爱好，但是并没有形成职业规划的可能性，我也会尊重这些孩子的兴趣。比如有的孩子吹奏巴松，一把巴松价格要七八万元，一节课的学费也很昂贵，家长大量的经济投入，让孩子未来有了自我规划。还有的孩子从四岁起就开始练习舞蹈，每周都有大量的时间用于舞蹈的训练。也许他们的个人成绩不是很突出，但时间是有限的，扣除必要的睡觉、吃饭和上课时间，可利用的时间并不多，对这样的孩子，是不是家庭作业的内容就要按照老师的布置一模一样地落实呢？我个人认为大可不必。可以根据学生的具体情况，有侧重和目的地完成一些家庭作业内容。

1. 可以删减部分内容。如老师布置了六道计算题，可以根据时间做其中的两道或者几道，起到一定的检测计算的作用即可。如果孩子两道都错了，那么就要加强这部分的作业，再完成六道计算。

2. 可用不同形式完成作业内容。比如，孩子的字词记忆能力一直很强，每次的听写都能保证全对，如果老师布置了抄写词语三遍的作业，可以把抄写改为听写。抄写和听写的目的都是为了记住字形，属于同一目标。听写是一遍，可以减少作业的数量，但是同样可以起到记忆字形的目的。同样，如果孩子听写出现了错误，就要把听写错的词语再进行抄写。

3. 可以合并部分相同的作业。家庭作业是课堂学习的延伸，很多内容和课堂学习内容相关，如果在课堂上孩子完成得很好，家庭作业就可以和课堂内容进行合并。比如老师在学校练习了古诗默写，孩子都对了，就可以两项练习进行合并。学校练习了解决问题的小卷，题型相同，孩子如果都掌握了，也可以进行合并。

第二类，知识学习有障碍的学生，可以把一些非重点作业进行删减，重点完成对自己有提高意义的作业。

每个班内都会有学习困难生，而学习困难生的最大特点就是学习知识慢，时间不够用。

一年级的晴晴口算能力很差。数学课已经讲到"二十以内数的认识"，而她计算 4+3 这样的十以内的数的加法还需要掰手指才能完成。一般小朋友做一页三十道的口算，五分钟就够用了，而晴晴需要三个五分钟。老师总是和妈妈说："回家多算算，数感强了就好了。"妈妈很配合老师的工作，回家一多算，就要几个五分钟，一些有规律的数字晴晴算起来还容易，要是加减混合在一起，晴晴的速度就更慢。

因为口算占用的时间多，晴晴完成家庭作业的时间就会延后，每天做作业的时间不知不觉就两个小时。晴晴很累，妈妈也很累。

晴晴在短时间内最需要提升的是计算能力，而无限制地延长家庭作业时间并不利于她的成长，面对这种情况，可以把一些非重要的作业进行合理的删减。比如，老师布置读书三遍，就可以把读书三遍改为两遍，老师布置的拼读练习二十个，可以根据孩子的拼读情况，把比较难拼读的重点练习，节约出时间给计算。

通常情况下，学习能力弱的孩子会表现出所有知识都弱，那么对一些重复性的作业就可以做适当的调整。

第三类，在某一方面学习突出，需要进行强化训练的学生。

有的孩子家长要求很高，除了要完成学校的家庭作业，还有家长布置的额外作业，而往往家长布置的额外作业难度都会高于老师布置的家庭作业。

小宇每天都要做奥数专项练习，他已经参加了两届奥数比赛，成绩都非常优秀。老师还在讲"方程的基本概念"的时候，他已经能够熟练地完成二元一次方程的解答。小岳一直参加重点初中的古典文学品读，不仅唐诗三百首能熟练背诵，而且常见诗人的生平都可以倒背如流，那么这样的孩子，语文基本素养已经非常棒，对于老师布置的词语抄写、古诗背诵做起来都是非常轻松的。这种在某一方面已经表现非常突出的孩子，作业的内容和已经掌握的知识有交叉重叠的，可以适当调整。

布置家庭作业的目的是为了更好地提升学习的能力，不是为了让已有的时间变得更紧张。当家庭作业阻碍了学生发展的时候，我们就要根据学生的需要调整作业的内容，而不是让学生为了完成作业，压榨休息的时间。家庭作业是老师根据教学内容科学布置的，尊重老师的安排是第一位的，无论是哪种情况下造成的作业时间过长，都要第一时间和老师进行沟通，明确老师布置作业的目的，更好地配合学校老师的工作，这点是非常重要的。家长看孩子是一个点，老师看孩子是一个面，能更全面地给孩子正确的意见。

# 表扬大于批评

在教育这条路上，所有的专家都会形成一个共识：鼓励是调动一个孩子内在动力的最有效的方法之一。在孩子成长的道路上，得到的鼓励越多，成功的概率越大。这个科学观点，基本所有的家长都知道，但落实在陪孩子写作业过程中却很难。

晨晨今年二年级，他数学和英语成绩都很棒，经常考满分。唯独语文学习进入二年级后，一路受到打击。卷面成绩难得一个优秀，基本都是在良的水平徘徊，也就是成绩在 75 分到 85 分之间。

分析晨晨一次月考卷子发现，从第一道题看拼音写汉字开始就一路丢分。汉字的音形义，丢分百分之十左右。到了积累部分达到了百分之二十。阅读题更是错得离谱，基本题题有错，人家问小兔子为什么要感谢送萝卜给它的老山羊？他回答：小兔子喜欢老山羊。所答非所问的情况一串。最后是看图写话，四幅图他只能写出两三句话，内容讲述不清楚，标点使用错误。

刚刚出差半年的妈妈看到这份卷子时几乎崩溃了，但是妈妈相信晨晨的成绩是暂时的。妈妈根据自己的学习经验，给晨晨制订了学习计划。

根据卷子，妈妈初步判定孩子语文学习能力较弱。首先要处理基础知识问题，只有基础扎实了，才可以提升综合题的解答能力。

二年级的基础要从字词入手，课本上每课的生字要引导孩子通过换一换、同音字、语境识字等多种方法提升识字效果。晨晨的思路很活跃，能举一反三。妈妈每次给晨晨辅导的时候，都会习惯性地摸着晨晨的小脑袋，当晨晨很快地完成学习任务的时候，妈妈就会高兴地亲他一口。基础知识复习三周后，老师进行班级内的百词测验，四十五名同学，晨晨成了全对的六名中的一个。

在补习基础的同时，妈妈开始带着晨晨攻克阅读的难关。妈妈分析试卷发现，晨晨最大的问题是自己明白什么意思，但是在组织语言方面由于懒惰，没有写具体，导致了丢分。每次晨晨做阅读的时候，妈妈就坐在旁边，当晨晨出现了差错的时候，妈妈会把手指向答案的地方，对晨晨神秘地笑笑，孩子一下就明白了妈妈的意思。而妈妈也毫不吝啬地给孩子打上一个大对勾。晨晨有时候也会不好意思，因为是妈妈帮忙答对的，妈妈就告诉晨晨："这是妈妈提前预支给你的对勾，我相信下一道，你一定可以独立完成。"

看图写话是晨晨最弱的一项，十五分他只得到了七分。妈妈有信心，一定可以帮助晨晨。妈妈耐心地听晨晨分析图片的内容，在晨晨说得不具体的情况下，也会给晨晨一些好的建议。然后晨晨再整体复述图片的内容。说上两三遍后，才动笔写。因为先说后写，内容已经在妈妈的帮助下变得很具体了。他胸有成竹，写起来就非常流畅和顺利。有一次他居然写到了一百二十个字，这可把晨晨乐坏了，妈妈却说："这才是你的真实水平，妈妈心中的宝贝，就是能写一百二十个字！"

妈妈在家的日子里，晨晨每天享受着和妈妈一起写作业的时光，有的时候还会催妈妈快点写作业。妈妈用温和的态度适时适度地点拨晨晨的同时，给了晨晨无限的肯定和鼓励。晨晨的成绩也悄然发生了变化。

晨晨妈妈的做法向我们证明，不是孩子不想学好，是我们没有给孩子一个学习好的土壤，当孩子成绩下滑的时候，他们需要的不是批评和否定；当孩子学习遇到困难的时候，他们需要的是帮助而不是嘶吼。

学习如此，写作业也是如此，面对孩子作业中的错误和不完美，家长们更应该做到：

一、从细节发现可贵之处。

我们所有的人都喜欢看美丽的风景，面对鲜花盛开每个人都会心存美好；望着碧波荡漾，所有的人都会心如潮水；面对巍峨群山，内心的感叹无法抑制。相反，我们看到令人失望、伤心，甚至痛心的事情，都不会有好心情。

面对一份书写工整、思考严谨、答案正确的作业，所有的家长都会心花怒放；面对一份书写潦草、错误百出、磨磨蹭蹭的作业，所有的爸爸妈妈都会心生梗塞，这是人之常情。但是，我们要知道每一份作业都是孩子辛勤劳动的付出，也许它不完美，但是它耗费了孩子的时间和精力。要想让孩子更优秀，家长这个评价者就要先变得足够优秀，内心足够强大。

程程今年五年级，学习成绩一直像坐过山车，好的时候能考满分，不好的时候在及格线上徘徊。妈妈就像一个打老鼠的游戏者，不停地在后边追着他补作业，查作业。

一天，程程放学回到家，先吃了一个汉堡，喝了一杯可乐，才开始把书包甩在桌子上写作业。翻了半天也找不到记事本，不管了，凭着记忆来吧。翻开数学书，看哪页都不像老师留的作业，只好高喊："妈，您看看老师发作业了吗？我的记事本找不到了。"

刚要去买菜的妈妈，赶紧掏出手机给他查。一边查一边也少不了骂程程一句："你长脑子干吗用的？每天都不知道作业是什么，我是服了你了。"然后一边气哼哼地把手机给程程看。程程就像没听到妈妈的话一样，眼睛看了看手机，似乎背了作业的内容，然后把手机放在一边，开始写作业。

这样陪孩子写作业才有效

刚做两道题，就不大懂了。从作业本的后边，随便撕了一条纸，开始一通画。似乎这道题难度太大，但是程程没有放弃的意思，纸条写满了，又从桌子上抽了一张纸巾作为验算纸。一会儿画图，一会儿思考，倒是很认真。

　　一会儿，妈妈买菜回来了，看到程程在纸巾上乱画，气不打一处来："程程，你在干吗？你就不能让大人省点心吗？"程程被妈妈这么一吼，吓了一跳，也不知道自己犯了什么错误，因为自己总犯错误，也不敢问，只好把头低下去继续想题。

　　妈妈对他的这个表现似乎并不满意，走上前，拿起纸巾，质问道："你这又在玩什么？就不能有一点自主性吗？一边写一边画能写好作业吗？"妈妈生气地说，"赶紧写，再一边写，一边玩，晚上别吃饭！"

　　我们说"好孩子是夸出来的"，程程的今天和妈妈教育的方式有着直接关系。

　　程程在抽纸上随便验算，这种方式是不可取的。但是他是在思考，这种态度是可取的。妈妈在没有弄清楚是非的情况下，就开始发火训斥，这种做法是极为不好的。如果妈妈发现程程在用纸巾，走近前看清楚，询问一下，都不难发现程程是在专心致志地写作业。只要告诉孩子以后思考也最好写清晰，这个乱涂乱画的习惯最好改变。这样对程程的教育就是积极的。如果妈妈再根据具体情况找到夸奖点，对程程的激励作用就更强了。比如，夸奖一下程程遇到困难不放弃，能够迎难而上；认真看下程程的思考过程，看看哪些写得对，对的地方提出表扬，对于程程来说也是一种肯定的激励。

　　很多时候，不是我们的孩子要和家长作对，是家长没有想真正走近孩子，没有用心去发现他们的优点，任何一个孩子都需要别人的肯定和赞美。今日的程程做事马马虎虎，没有自我要求，是因为他不知道努力的方向，家长的肯定就是他努力的动力和目标。我们经常说在鸡蛋里挑骨头，很多时候，要想让孩子有所改变，就要学会石头里挑鸡蛋。

很多时候，家长看到孩子作业有漏洞，就抑制不住怒火，而发火的理由只有一个"爱孩子"。您是否知道，在您怒斥孩子的时候，已经把孩子打入了谷底。在每一次孩子努力向上爬的时候，他们都希望得到家长的一份力量，这力量是来自父母的肯定和赏识。没有一个人愿意犯错误，知道自己做错了的时候，内心已经承受着很大的煎熬。

不要觉得孩子小，他们就不懂欣赏，不要觉得孩子不够成熟，他们就缺乏自尊。面对作业中的重重问题，家长要调整自我，要知道我们是一双搀扶孩子的手，而不是手握重锤的施暴者。

**二、尝试着去改变孩子而不是训斥孩子。**

孩子在写作业过程中无论表现得多么不优秀，都是孩子身上的问题和缺点，而训斥这些问题和缺点只会起到负面作用。我们要学会用积极的态度，帮助孩子去解决问题，就像晨晨的妈妈，发现了孩子的问题，冷静下来认真地思考，想解决的方案，用陪伴和激励给孩子成功的机会，这种教育才会起到改变孩子的作用。改变一个人很难，用简单粗暴的方法是不可行的。

嘉嘉今年上三年级，小姑娘很可爱，每天小眼睛笑得像月牙，让人觉得她不知道什么叫忧愁。嘉嘉的作业每天都是干干净净、漂漂亮亮，最大的亮点就是作业本上，总能看到两种颜色笔：一种是普通的铅笔，一种是天蓝色的签字笔。

这一天，嘉嘉的作业是语文检测本的第七课。第一道题看拼音写汉字，老师上课生字讲解得很清楚，嘉嘉都不用复习就能顺利地写上。第二题是字音判断，在预习的时候，妈妈就帮她把书里的易错音都筛选出来了，课上老师又对重点读音做了强调，这道题对她来说就更是易如反掌。第三题是按照课文内容连线，嘉嘉课前课上读了至少五遍课文，内容记得一清二楚，连起来也非常顺利。最后一道题是读短文回答问题，她每道题都按照老师教给的方法，逐步阅读落实，倒也不难。

二十分钟顺利完成作业，嘉嘉妈妈看到孩子写完，第一句话就是："宝贝，你今天写作业的速度依然很快。真了不起！"嘉嘉听了心里美美的，小眼睛更弯了，脸上的笑容更甜了。嘉嘉认真，妈妈更认真，每一个字都给嘉嘉对照书检查。突然妈妈的神情有点凝重，嘉嘉紧张地问："妈妈，我错了吗？"妈妈难过地说："似乎有点问题，你看睡的右边是哪个横最短呢？"嘉嘉仔仔细细地对照书，看自己的字，"啊！我写错了。最后一笔最短。""你自己发现问题了，真不错。看来不用妈妈讲了。我还想告诉你，右边是千字下边是草头，草头下边是倒二。""妈妈，你说什么，再说一遍。"妈妈又放慢速度把自己的口诀说了一遍，嘉嘉听了后，别提多开心了，"妈妈，这次我肯定错不了了。千字下边是草头，草头下边是倒二。我怎么就没想到，这个方法真好玩。"

在融洽的气氛中，妈妈帮助嘉嘉把所有的作业都检查了一遍，错误的地方嘉嘉用灰蓝色的笔改写，这样自己在复习的时候会更加醒目，这个方法也是妈妈告诉她的。

嘉嘉是一个阳光的孩子，她的温暖有很多来自妈妈。

当嘉嘉写完作业的时候，妈妈不是急于给孩子检查，而是先对孩子的学习态度进行了肯定"宝贝，你今天写作业的速度依然很快。真了不起！"我们说不积跬步无以至千里，妈妈这样每日熏陶，引导孩子意识到，作业完成快是一个优点。这样积极地评价，比"写作业快点""别磨蹭"这样具有警告意义的话语更温馨，也更有效。

嘉嘉的作业出现了错误，妈妈没有批评她，而是非常婉转地启发孩子"似乎有点问题，你看睡的右边是哪个横最短呢？"我们常说说话要给人留面子，小孩子也有尊严，而且往往他们的尊严更简单，更纯洁，更容易保护。妈妈这样具有启发性提出问题，让孩子进行自我反思，会让孩子愿意进行深入思考，既保护了孩子学习的热情，又对孩子的学习态度进行了引导，可以称得上是一举多得的好方法。

妈妈给足了嘉嘉自我反思的时间的同时，巧妙地帮助孩子突破了难点。当嘉嘉自己发现"睡"字错误，并且对照书进行了修改后，妈妈为了进一步巩固这个字的正确书写，教给了孩子记忆的顺口溜。妈妈的巧妙是在尊重孩子自己认知的基础上，提出自己的想法，不是让孩子被迫接受，正是因为这样选择性地让孩子记忆，嘉嘉反而更加有兴趣，自己不自觉地跟着学习。尊重是在任何时候，对任何人都有效的一种做事方法。

妈妈更重视孩子学习习惯的养成训练。嘉嘉的错题都用不同颜色的笔标注出来，这种良好学习习惯的培养，可以让孩子的疏漏越来越少。

所有的孩子内心都住着一个好孩子，关键是家长要有发现好孩子的眼光。愤怒的家长只会培养出更为愤怒的孩子，焦躁的家长只会让孩子在焦虑中成长。陪作业鸡飞狗跳的家庭不是因为孩子不够优秀，是家长们没有发现孩子的优秀之处。我相信很多家长在陪孩子写作业的过程中，都倾注全部的心血，因为您是孩子的父母，是最希望孩子优秀的人，面对这种迫切的希望，所有人都会理解父母的这份真心。只有我们适当地调整自己的方法，这份真心的价值才会体现出来。家里有熊孩子，既然孩子已经让我们头疼，我们就更应该帮助他们，让他们得到学习的快乐。

用赞美留住孩子对学习的热情，用表扬代替愤怒的情绪，用鼓励扬起孩子学习的信心，这样是双赢。请家长们记住夸奖永远是最好的法宝！

# 陪写作业也要讲兵法

　　我身上有很多缺点，但是我有一个很大的优点——做事快，效率高。为什么同样做事情，我可以有很高的效率呢？

　　首先，我做事情之前会动脑子。比如前一段领导找我谈话，让我上一节班会课。很多人是领导说完了，回去慢慢想。而我不是，我是领导告诉我的瞬间，我就开始想。想自己的主题，围绕主题我可能采取的策略。从领导办公室离开后，我还会继续想，想主要环节，哪个同学适合展现哪一部分。而这段我听和走路的时间，都是不能用电脑工作，但是却可以思考的时间。

　　其次，我会习惯性地记录常做事情的时间。比如我上班路上经过几个路口，到达每个路口我用了几分钟。我批阅一本作业的时间是多少，我批阅一个班的作业时间是多少。就像商场里的标签一样，我给每件事情贴上了时间标签。如果我有十分钟，我可以完成哪件事情，如果我有三分钟，我又可以完成哪件事情，哪怕是几秒钟我都可以做到合理使用。

　　最后，整理意识强。我们知道衣服放在柜子里，有的大有的小。合理利用空间，就可以让小柜子装入更多的物品。我们做事也一样。很多件事情放在眼前，不同事情之间有什么可以穿插和借鉴的，合理地排序，会提高自己的效率。

　　我说自己做事快的目的是告诉大家，要做好一件事情，必须要讲求策略。我师父在一次给我说课的时候，告诉我必须读读《孙子兵法》。我当时还觉得很困惑，我们上课做老师，又不是打仗做将军。但是后来我领悟到了，因为作为老师，上好一节课不仅仅要熟读教材，更重要的是要研究清楚学生，用什么样的策略把教材的灵魂传达给学生。这里就要讲究谋略。

孙子曰：兵者，国之大事，死生之地，存亡之道，不可不察也。如果说战争是一个国家的大事，那么在这个时代教育也是国家的大事，也必须"察"。

《孙子兵法》中说：知己知彼者，百战不殆。要让陪作业更有效，家长就必须要了解孩子。

有一年，我刚接了一个四年级班。一个学生上课坐姿端正，写的字也很漂亮，但是多次听写我都发现孩子的错误很多，理解题答得前言不搭后语，不要说让他读一篇课文，就是读上一小段话，错字一大片。又经过一段时间的观察和测评，我认为这个孩子短信号记忆能力弱，比如对字词的记忆。字是语言的最小单位，如果字不会，那么学习语文一定很困难。

我约了妈妈和她了解孩子的情况。妈妈一听我说孩子记不住字，立刻眼神就黯淡了。说有的时候为了让他记住一个字，会抄几十遍，但是还是错。一个多动症的孩子，借助医生的量表和医学仪器很好判断。但是在学校，除了这些我们可以界定和识别的问题学生，还有我们无法诊断的学生，比如有的孩子不会读书，永远是一个字一个字地蹦；有的孩子没有空间感，无论用什么方法他也无法把一个正方体的三维示意图还原出实物来。我们要强迫这样的孩子和其他学生一样优秀，我觉得是一件很残酷的事。

但是，因为知道这个孩子有问题，就不让他学习，让他放弃学习，同样是剥夺孩子的权利。不仅是剥夺学习知识的权利，更是剥夺他做一个普通孩子的权利。

妈妈的坦诚，让我为孩子高兴；妈妈的努力，让我为孩子庆幸。这个妈妈至少是了解孩子的，她知道孩子的短板是什么，只不过除了多抄几遍，她没有其他更好的方法帮助孩子而已。

我告诉妈妈，孩子不会写的原因是他还不认识。（每个错字多的孩子原因都是不一样的，后边的章节我会具体说明。）所以，不要急着让他写，而是要先让他读，每篇课文大约有十五个生词，先让他按照顺序读。因为他背书没有问题，说明他的长信息记忆没有问题，所以读多了，就把这些词语变成了句子，然后再倒着读，常言道：倒背如流。如果倒着都能记住了，就是记住了八九分，然后再跳跃着读。读完后，再逐个字地说，怎么说都可以，比如"笔"，就可以说竹子放久了，长毛了。"碧"：这个人的名字叫：王白石。"悦"：心里高兴得要说出来。这样每一个字都让他联想，因为，每一个汉字的意思必须要借助语境才好理解，单纯地记忆读音，就是把象形文字抽象为字母文字了，反而增加了难度，而把汉字和故事联系在一起，人为创造了一个语言环境，可以帮助孩子在一个大语境中记忆。

这样说完了，再写。写的时候，肯定不能像其他孩子一样，写上两三遍就行了，也许他要写上十遍。会很辛苦。妈妈听到我说辛苦这个词，抢过来就说："没事的，这个孩子不怕苦，我都是让他多写几遍。"听到这句话的时候，我真的很想抱住妈妈，这是多么伟大的母亲，正是有了这么了解自己孩子，又肯付出的母亲，孩子才会有未来。

当然，如果孩子只学汉字这一项任务，记住的概率会大很多，但是孩子已经是四年级了，语文、数学、英语、品社每一个学科都有作业，孩子的学习负担很重。

又过了几天，学校新一届的足球联赛开始了，每天中午和下午操场上都有比赛的班级。小家伙总是跑到操场上或者趴在窗户上看，我扶着他的肩膀，问他："你喜欢足球？"他黑白分明的大眼睛使劲地看着我点头。"我让你参加校队吧？"他喜悦的大眼睛都快跳出来了。我知道这样的孩子是需要一个机会让自己发光的。

我找到负责校队的体育老师，恳求半天，最后老师同意让他先做替补队员，从基础训练开始。但是每周二和周五放学后都要在操场培训两个小时。我告诉妈妈这件事的时候，妈妈一点喜悦都没有，说："孩子一直喜欢足球，但是我怕耽误学习，一直不同意他踢。"我告诉妈妈："《孙子兵法》中说'兵者，诡道也'。也许这样的方式，可以激发他学习的热情呢？"妈妈这才给孩子买了足球鞋和球衣。

经过两个月的学习，在期中考试的时候，他这个语文成绩从来没有超过二十分的孩子，得了五十四分，尽管还没及格，但是和他自己比较已经有了飞跃的进步。

采取什么样的方式写作业，并不重要，重要的是通过写作业孩子们获得了什么。大可不用拘泥于形式，只要是有利的、有帮助的方式我们都可以尝试。就像我根据孩子的记忆特点，长信号可以记住，短信号记不住，就把短信号转化为长信号。也许站在中国文字学的角度，它一点都没有科学性，但是针对这个孩子，它有效果，这才是最重要的。

家长们往往觉得，玩和学二者之间没有联系，合理地利用玩，一定可以激发学。虽有玩物丧志这个词，同样也有玩中学这种教育理念。

很多孩子写作业很磨蹭，家长除了愤怒没有别的方法，从一个小时磨蹭到三个小时，从白天磨蹭到黑夜，家里就呈现了家长吼孩子哭的胶着场面。是不是一定要顺着孩子的磨蹭去落实作业呢？当然具体问题一定要具体分析。

《孙子兵法》中说：其用战也胜，久则钝兵挫锐，攻城则力屈，久暴师则国用不足。用兵贵在神速。有的时候，家长和孩子一起耗费很长时间，最后兵困军乏，两败俱伤。如果孩子年级低，他写作业磨蹭，有可能是因为在学校一天的学习，让他的身体有些疲倦，这种情况我们最好带着孩子先运动再学习。

运动时会产生多巴胺、血清素和正肾上腺素，这三种神经传导物质都和学习有关。多巴胺是种正向的情绪物质，人要快乐，大脑中一定要有多巴胺。血清素跟我们的情绪和记忆有直接的关系，血清素增加，记忆力变好，学习的效果也更好了。正肾上腺素能使孩子的专注力增强。

科学地学习，不仅不浪费时间而且是提高学习效率的重要保证。遇到问题我们要开动脑筋，如果愤怒可以解决一切，那么事情反而简单了，关键是愤怒除了让家长的情绪糟糕，血压升高，心跳加快，家里鸡飞狗跳，孩子鬼哭狼嚎，不会有任何积极意义。我建议家长们开动脑筋，积极地面对孩子写作业的问题，一定可以找到比愤怒更好的办法。

# 自己看着办和家长做决定的差距

"我走过的路比你吃过的盐都多。""不听老人言，吃亏在眼前。""当爹妈的能坑你吗？"从某种意义上讲这些话都是至理名言，但是为什么孩子因此会和父母产生冲突呢？

上二年级的嘉嘉，每天都有听写作业，妈妈按照嘉嘉的要求给她听写，听完后，又帮助孩子对照书圈出有错的字。第一次嘉嘉听写有错字问妈妈改几遍，妈妈郑重地拿过孩子的记事本，看了几遍，问："这里没有写错字几遍呀？你自己做决定吧！"嘉嘉想了想，自己把每一个错字写了十遍，然后给妈妈检查。妈妈按照老师的要求给她签上名。第二天老师在学校听写的时候，全部正确，她得了一颗正确星，嘉嘉高高兴兴告诉了妈妈。

从此后每次听写完，只要有错字，嘉嘉都会主动写十遍，妈妈有的时候说，你要是作业多就少写几遍。嘉嘉却说："妈妈，我自己做决定吧！"

小祺每天也要听写，和嘉嘉一样，听写完后，小祺妈妈发现有错误，和小祺说："把错的字写三遍。"小祺满脸的不乐意。自己嘟囔着："老师也没说写几遍，也许就是让我改正过来呢？"听到小祺的嘟哝，妈妈就把声音提高了一些："再讨价还价就写十遍。"小祺赶紧稀里糊涂地写完错字。第二天老师听写有的对，有的错。

是不是因为嘉嘉写的是十遍，而小祺写的是三遍，所以小祺还错呢？其实根本原因是嘉嘉是主动学习，调动了自己内在的学习动力，是自己做的选择，修改错字就用心，每写一遍都是在加深记忆；而小祺属于被动学习，因为是妈妈带有惩罚性的作业，他的应付心理就比较强，没有投入到学习中，大脑没有配合肢体的行动进行深入记忆。

这就是主动学习和被动学习的差距。一般认为学习过程由学习者本人发起的叫主动学习过程，由学习者之外的因素发起的叫被动学习。无论在工作还是生活中，我们需要主动学习，被动的人，学习、工作能力不会有明显的提高，永远安然地待在自己的小世界里，一直在原地踏步。主动的人，只要是用心，学习、工作能力都会随着时间沉淀不断地加强，各方面都会有一个很好的提高，通过学习有更多的收获。

主动学习是一种积极的学习心态，是自己自发地想去学习，想要通过学习来改变自己，让自己变得更加优秀；被动学习相对来讲是消极的学习态度，是因为外界的种种原因如父母的压力、就业压力等等被迫去学习。主动学习的人不会三分钟热度，能坚持更长时间，而且能够自己去找资料解决问题；被动学习的人更容易放弃。

嘉嘉妈妈的"自己看着办"激发了孩子主动学习的意识，所以她学得会更牢固；而小祺是妈妈强逼着写的三遍，属于被动学习。

我们总说，要培养孩子主动学习的意识，而这种意识的培养是从放手开始的。孩子在成长的过程中肯定需要家长的引导，但是他们更需要一个属于自己的世界。针对这一问题，我有一些建议：

一、明确写作业是孩子的事情，主体是孩子，父母只是辅助。

把权力还给孩子。作业是孩子学习任务的一部分，采取什么样的形式完成作业，完成作业过程中遇到问题怎样去解决，都是孩子需要独立完成的内容。作为家长可以给孩子提供完成作业的模式，比如：建议完成作业的时间，完成作业的一些更好的建议。但是一旦孩子进入写作业的状态，在这个过程中，家长就尽量不要参与到孩子的作业中。

例如，不要和孩子说：你写完了，妈妈给你检查。如果孩子主动提出，家长可以协助孩子进行这一步。如果是家长提出，就又转化为家长是作业的主导者，这样不利于孩子自主性的培养。

也尽量不要和孩子说：有不会的问妈妈。作业中的问题，孩子采取什么方式处理，孩子具有决定权。作业中暴露出来的对知识的预判或者巩固存在的问题，孩子既可以第二天向老师请教，也可以在课堂上听讲解，或者干脆靠作业的循环自我修补。

作业和学校的新授课不同，它具有：重复性、跟踪性、巩固性的特点。比如，如果老师周一布置的作业是乘法分配律的计算题，周二老师在批阅中，发现错误的数量超出了正常值，教师会根据课程的进度调整作业的安排，很有可能会重复前一天的作业内容，让孩子再一次巩固。如"长方体的表面积的认识"，内容复杂，题型多样，也许老师会根据孩子的作业反馈情况，连续几天都布置相同内容的作业，就是想通过对作业的跟踪，让学生和概念反复见面，从而具备解决长方体表面积问题的能力。

作业中有错误非常正常，面对错误，孩子采取什么样的形式修正都要尊重孩子。有的孩子就认为老师讲解得清晰，尽管已经对作业中的某些题的正确性有怀疑，但还是希望第二天回到课堂解决。有的孩子，就希望每日的知识点全部掌握，一旦发现作业中的问题，就会第一时间向父母请教或者找同学帮忙，当日把作业中的错误修正过来。

在工作中，特别是高年级的家长会向我反映，孩子写了作文不愿意让家长看，孩子的作业不愿意拿出来让家长检查，家长就会非常愤怒。其实大可不必，孩子不愿意，是因为他们觉得自己可以对自己的作业负责，不愿意把自己的问题暴露在家长面前，因为很多家长会觉得他们是孩子，语言、行为的方式会不尊重孩子。既然孩子不愿意，家长就更应该放手。

很多家长会担忧孩子的作业完成得不好，影响了学业成绩。这个方法很好解决——找老师了解情况。配合教育的家长，老师都是愿意拿出时间和精力的。但是反映的过程要把孩子的情绪传达出来。孩子不让您看，老师可以想办法让您看到。

家长辅助的目的不变，形式可以多样。形式的多样性，可以增加学习的趣味性。让孩子在兴趣中快乐地学习，比在压制中抵抗学习有效果。

要让学习有趣味，家长也要富有情趣。在成人的眼里作业是一项任务，在孩子的眼里作业是一个麻烦。是任务就要严肃地对待，是麻烦就会从内心抵制，这两种心态都不利于作业顺利完成。我们要想法让完成作业富有一定的情趣。比如：预判游戏、攻擂游戏。每日把孩子的听写成绩都记录下来，每隔一段时间，就给一次奖励，对于孩子来说最好的奖励就是免写作业，让他们痛快地玩。

**二、尽量不要给孩子发出"必须""只能"这样的指令。**

我不知道国外强势的家长多不多，但是在我接触的家长中，强势的占比要超过百分之三十。陪写作业之所以会鸡飞狗跳很大一部分原因是父母的强势导致。比如孩子写作业的时候，进位点点在横线下了，家长会说："你必须要把进位点点在横线上。"孩子的作文《写自己最喜欢的一种水果》，妈妈会告诉孩子，苹果颜色漂亮，味道甘甜，营养丰富，你就写苹果！孩子的解决问题画的是示意图，妈妈说："这道题只能用线段图。"在这样密如暴雨的强势命令中，孩子一半的心思都用来抵抗了。

### 三、尽量不要和孩子说"不对""不可以"这样的否定句式。

美国权威神经学科学家约翰·梅迪纳曾出过一本书《让孩子的大脑自由》，他在书中揭示了孩子大脑发育的机制，书中说："当孩子还是一个宝宝的时候，其大脑每分钟会产出几十万个神经元。"孩子大脑发育的黄金时期是零到五岁，孩子在大脑发育过程中，是不应该被打扰的。所以说，如果孩子正在玩耍，请不要对孩子说："不要玩了"，可能他正在思考，而这个时间就是他大脑发育的最佳时期。家长脱口而出的"不要"打断了孩子的思维，让孩子产生了叛逆和抵触的情绪，孩子会越来越不听话。

同样的道理，在孩子写作业的过程中，家长对孩子说"不对""不要""不可以"这样的否定性语言，不仅会干扰孩子的思考，更会让孩子烦躁，产生逆反心理。心理学家做过实验，当我们总是和孩子说带有"不"字词语的时候，孩子会逆向发展。也就是家长越说"不要"，孩子越是这样做。这样既不利于孩子心理健康的发展，更不利于家庭和谐关系的建立。

这个过程，我们闭口不参与是最好的，如果一定要参与，要采用建议的口气，比如：我建议……会不会更好呢？是不是可以这样做更简单呢？你看看这样的方法好，还是那样的方法好？决定权在孩子，家长只是合理地建议。

您能出色地完成领导给的任务，可以非常轻松地驾驭整个公司，可以成为单位的主力军，请您也相信，孩子可以为自己的作业做主，我们要给孩子机会让他们长大，也给自己空间休息。养育孩子不代表丢失自我，您是您生活的主体，孩子是他自己生活的主体，让我们每一个人都各司其职。

# 改变不是靠讲换来的

高年级的孩子写作业困难的基本是两大类：第一类是学习有障碍的孩子；第二类是学习态度不端正，学习习惯不好的孩子。而第二类写作业困难的学生大部分都存在一个问题，在校纪律差。

纪律差也有两种情况：第一种就是我们普遍意义理解比较闹的孩子，课上闹，课下更闹，课间会在楼道里跑来跑去，到了六年级因为有毕业的压力，情绪更是浮躁，还会偶尔和同学之间发生肢体冲突；第二种是课间非常安静，不会大喊大叫，甚至一天都听不到一点声音，课下如此，课上也是，不能集中精力听讲，手里总是玩东西，有可能是一支笔，也可能是一块橡皮，或者是路上捡到的一根小棍，只要老师目光不在他身上，就立刻沉浸到自己的世界里。

第一种孩子我们叫闹生，这类孩子写作业，往往速度很快，错误很多，写作业还会挑挑拣拣，一旦家长没有发现，就会故意漏掉一些作业，主要目的是为了腾出时间去跑、去跳、去叫。这类孩子性格外向，比较好沟通，一旦被家长发现耍了小聪明，就会立刻草上飞一般把作业补齐。很少和家长打拉锯战，相对于作业的完成，家长更痛苦的是完成的质量，还有作业对考试成绩的影响。所以这类孩子的学习成绩特别不稳定，忽上忽下，像坐过山车。

第二种孩子我们叫"蔫淘"，这类孩子才是写作业过程中让家长最疯狂的孩子。作业磨蹭是第一个特点，作业错误多是第二个特点，学业成绩较差是第三个特点。

我们看看为什么"蔫淘"的孩子写作业最容易磨蹭。刚才我阐述了，这类孩子上课难以集中注意力，总是一边上课一边玩，因此捕捉老师上课重点的能力就较弱，听课会囫囵吞枣，好像听到了，又好像没听全，写作业就要凭借模糊的记忆来完成。作业错误自然就多。因为听讲的时候以玩为主，所以上课都玩，写作业自然也玩，有的时候就是橡皮擦纸的小白泥他也能玩上一晚上。因为家长、老师齐上阵最终都被他的"蔫"给打败，他就更加无拘无束地玩中写，写中玩。尽管他知道老师会训他，妈妈会吼他，爸爸甚至会打他。孩子这是怎么了？吃了什么迷魂药吗？这么难教育。

中国有句老话"三岁看大，七岁看老"。孩子在高年级"蔫玩"让家长焦虑的根本原因，是孩子在低年级，甚至幼儿园时期的作业习惯造成的。这类孩子性格一般比较温顺，不张扬，在低年级的时候，不会特别引起老师的注意。

因为班级管理老师面对的是全体学生，我们说修枝剪叶，肯定先把长得最不漂亮的、最容易病变的枝条剪掉，老师会更关注那些学习有障碍的、纪律差的闹生，这类学习能力还可以、成绩还可以、课堂纪律还可以的孩子往往就不突出。

就是因为不突出，低年级的知识又相对容易，得满分不容易，但是不合格也不容易，所以考八九十分的孩子，或者九十多一点的孩子就很普遍。"蔫玩"的孩子往往就在这个区间范围里，老师在校要顾极端学生，对这部分孩子就会采取和家长沟通，引起家长重视以加强教育引导的方式。

也是在这个时候，埋下隐患。家长一般采取的教育方法有：

1. 口头教育。口头教育是很多家长听到老师反馈情况后本能的反应。比如老师说：今天孩子上数学课总是玩铅笔，您回家要和孩子好好谈谈。家长第一反应就是生气，然后一边走一边训斥孩子，叮嘱孩子：以后不许课上玩东西，要认真听讲，如果不听讲就会……家长们苦口婆心地从一年级一直讲到了大学毕业，找工作。从理论上说，家长的教育真的很深入了，但是站在一个小学老师的角度看到这样的长篇教育，我觉得没有用。

因为如果您教育的对象是一个高中生，哪怕是初中生，也许还有意义。从儿童心理学的角度看，低年级孩子注意力集中的时间很短，大约十五分钟，家长这么长篇的教育，孩子能听到耳朵里的就很少。另一方面，一般情况我们家长都是下午放学后对孩子进行教育，这个时间，孩子经过一天的学习，大脑处于疲乏状态，能够记忆储存的内容就很少。

从孩子的社会经验出发。对于家长说的因为上课不听讲会造成学不懂，学不懂就不能上好学校之类的话，孩子是不懂的。什么叫学不懂？孩子真的不知道！他就知道会写的写出来，不会的空着。上个好初中、好高中，对于孩子来说就更抽象了，因为在孩子的脑海里就一个词——学校，初中、高中、大学都是学校。他在学校上学，刚上学妈妈就批评他，他正不想去学校，还让他为了去学校而努力，简直是不可思议。

其他家长能够讲出的道理，大部分也是因为孩子无法把词语和结果建立起关联，所以他听不懂！他知道你说的汉语的意思，但是无法通过想象理解。这就是孩子认知的特点，我们说人有阅历才知识丰富，就是这个意思。孩子没有这么丰富的阅历，所以理解不了家长的长篇大论。

2. 重点惩罚。老师告状对于家长是头等大事，孩子上课不专心，更是孩子学习的重要问题，所以有的家长会采取惩罚的方法。我有一个学生就和我说：他的小弟弟五岁，犯错误的时候，妈妈就罚他站在楼道里。弟弟胆小，一会儿就会向妈妈主动承认错误。惩罚应该让孩子有记性了吧！这种方法的实效性有多大呢？也是微乎其微。孩子因为畏惧害怕，这种害怕和他上课玩东西没有建立起直接关系，也就是罚站是罚站，玩东西是玩东西。罚站是妈妈的事情，玩东西是老师上课的事情，这二者之间有什么样的联系，孩子并不清楚。

面对这样的熊孩子，我们家长应该怎么办呢？我给您的建议是：

1. 千言万语不如亲自做一遍。如果老师告知孩子上课总是不听讲、玩东西，家长可以试着在家里通过模拟课堂的形式发现孩子的具体问题，再有针对性地解决。

模拟课堂不是让家长去讲课，写作业也是课堂的一部分，我们就可以借助写作业这个形式去发现孩子的具体问题。孩子一定会在写作业的过程中再现课堂上玩东西的一幕。家长要抓住这样的时机及时给孩子讲解。在写口算的时候玩铅笔是错误的，这就是不专心，然后把干扰孩子的笔收起，只留给他一支笔。

如果孩子还要玩笔，就可以把最后一支笔也给他拿走，让他意识到，当笔被拿走的时候，我们就无法写作业，也就是笔是写字的工具而不是玩具。把笔当作玩具，笔就要被没收，那么作业就无法完成，让孩子建立起这种因果关系，他就会对笔和作业之间的关联清楚了。

而这样的模拟课堂一次不够，要重复多次，甚至是连续多日，最好是坚持一个月。这样孩子才慢慢地懂得，自己玩笔是不对的。降低说教的成分，加强孩子的直观认知，这样可以让孩子明白，上课专心听讲是什么意思，也才会避免写作业过程中因为不专心而磨蹭。

2. 用坚持代替短时的认真对待。坚持是解决问题的最好的方法。事情没有绝对性，如果您的孩子适合说教，可以。您对孩子有您的教育方式，可以。无论哪种方法，都要坚持。很多家长之所以觉得孩子越来越难陪，都是因为最初出现问题没有重视，或者重视的程度不够，才会慢慢地演变成最后的不可收拾。

3. 加强思想上的重视。上课玩东西是今后写作业磨蹭的一个重要暗号，孩子没有区分开玩和学。作为家长要在思想上重视，如果您不想到孩子三四年级时候因为孩子拖拉暴跳如雷，最好把这种习惯扼杀在摇篮里。

我们一定要学会重视一个问题，更要学会想办法解决一个问题。我经常提醒家长，孩子都是好孩子，但是经过几年的教育后之所以千差万别，不是孩子的问题，是我们这些陪着孩子的成人的问题。在学习习惯养成上，老师可以把握大方向，但更需要家长的细心打磨。

# 不满和满足的差距

　　我有一个比我大五岁的非常出色的姐姐，她从小学到初中都是班级或者学校的学生干部，也是妈妈的骄傲。妈妈总是在过节的时候给姐姐买一件新衣服，把姐姐的旧衣服改小给我穿。我觉得妈妈更爱姐姐。姐姐初中毕业非常顺利地考上了艺术学校，妈妈开心极了。每次我犯了错误，妈妈就说："你怎么就不能像你姐姐！"小的时候不大懂这句话的意思，慢慢进入初中，自尊心越来越强，妈妈再说这句话的时候，我内心就开始翻腾起浪花，妈妈是文盲，不仅教育的方式简单粗暴，就是说话的方式也让我这个"有学问的初中生"难以接受。很多次，我不敢当着妈妈的面哭，就自己躲在厕所默默地流泪。

　　但是这句话同时也开始对我有了很强的激励作用，那就是拼命学习，无论政治老师发了多少张复习卷子，我都能做到一字不落地背下来；物理、化学、数学作业都是第一时间写完。我的努力并没有获得妈妈的一点点认可，妈妈依然看不到我的进步，哪怕我初二的时候物理得了年级第一名，而且在试卷平均分不到六十分的情况下，我得了九十二分，妈妈还是没有表扬我，她还是那句话："你怎么不像你姐姐。"

　　那段时间，我会到没人的河边默默地流泪，就想快点长大离开家里。

　　当我初中毕业以高出重点高中三十几分的成绩进入师范学校，妈妈还是那句："你怎么不像你的姐姐！"内心彻底绝望，我变得性格内向，即使周末也不想回家。

家长对孩子的否定及消极的评价对孩子的成长造成的伤害，是长久的，有可能是一生都无法改变的。而积极评价恰恰相反，它可以更好地激发孩子的潜能，让孩子自信，心态阳光。

什么是否定式消极评价呢？以评价者自我为中心，采取负面、消极、否定的语言、态度和行为对被评价者做出不客观的、低于可能量化标准的评价。

一般我们家长采取的消极评价体现在两方面：评价的语言和评价的态度。

家长最常用的消极评价的语言：怎么教都不会；你无药可救；你哪像我的孩子；除了吃什么都不会；还不如退学；你蠢得就像头猪；你快把我气死了；你不配做我的孩子……

家长最容易表现出的消极评价态度：沉默；摔东西；愤怒；大吼大叫；拍打桌面；撕毁作业本；打孩子的头；拽孩子的衣领；丢掉孩子的文具书包等学习用品；大哭；默默地哭……

在教育上，父母容易被传统思想束缚，会有这样的想法：孩子是自己生养的，自己是对他最好的人，无论用什么样的方式都是为了孩子好，天下没有害自己孩子的父母。我们先弄懂一个概念，孩子是不是父母的？

从生理学角度（排除领养子女和非自己生育子女）来看，孩子是父母的。从《未成年人保护法》中父母的权利和义务的角度看，父母是孩子的监护人，有义务和权利对孩子进行教育，孩子是父母的。我国实行的是《九年义务教育法》，从法律层面讲，接受教育是每个儿童的义务。因此，家长把孩子当作自己的私有物品这种想法就是错误的。

教育孩子是每个父母应该承担的义务和责任，是作为一个公民应该为国家做的贡献。家长用简单粗暴的方式教育孩子，这种行为从某种意义上说已经违反了国家的法律。只不过因为我们根深蒂固的传统观念包庇了父母的错误。

家长不可以随意对自己的孩子采取语言暴力、身体暴力、精神暴力的教育手段。可是孩子真的很气人！怎么办？

**一、换个发怒对象，逐步降低发怒的可能性。**

看到孩子的字七扭八歪就气不打一处来；看到孩子从四点磨蹭到十点，就愤怒难忍；讲了三遍还不懂，就压不住火气等，这样的事件在陪孩子写作业过程中，经常出现。孩子写字乱不是一天形成的，肯定是日积月累所为；孩子写作业磨蹭更不是一日的习惯养成，也是天长日久的结果；孩子听不懂，更不是一个主观原因造成，各种原因家长很难看透，但是妈妈会看到慢而发怒，爸爸会因为讲不通而焦虑生气，这是作为一个健康人的正常生理反应。

我建议您，要是必须发脾气换个方式，改变一个对象。比如，我要发火的时候，我会咬嘴唇，咬上几秒钟，自己的情绪就会舒缓一点。父母亲可以互相帮助，要是爸爸控制不住了，走出房间，到室外呼吸一下新鲜的空气，妈妈来负责稳定孩子的情绪。怒火中烧了，到卫生间洗把冷水脸，或者干脆洗个澡，让情绪舒缓一下。尽量避免因为发火对孩子的身心造成伤害。

**二、设置自我提示装置。**

宾馆的房间要是有烟雾，会自动报警；带着违禁品过安检门，警铃声会自动响起；设置了光控的路灯，会在光线暗的情况下，自动开启。作为家长，也可以给自己安装一个自动装置。比如：看到孩子今日有解决问题作业，而这种作业是孩子的弱点，先告诉自己，他会错得一塌糊涂，要慢慢来。今天有默写作业，知道孩子有困难，撒开手，让孩子自己去做。自己有足够的心理准备了再帮助孩子。提前预判当日是否会出现问题，减少情绪失控的可能性。

### 三、多看积极的教育书籍，改变教育理念。

礼佛的人，每日要诵经以更深地理解佛法的含义；即使是教授也要不断地读书补充知识。家长也不是生来就是会做爸爸妈妈的，我们有的经验就是对父母教育自己方式的传承。这种方法如果自己都不舒服就不要继承下来，如果自己感觉很好，可以试着在孩子身上使用。但是更多的方法和技巧需要我们不断地在实践中摸索，也要阅读一些教育有关的书籍，提升自己的教育理念。

### 四、多和老师、知己交流，释放内心痛苦。

相对于家长，老师肯定具有专业素养，方法和策略会比家长多，但是老师的能力也是有限的，不是所有的问题都可以一下解决，但是老师可以用自己的专业性更深入地了解孩子，所以家长和老师交流，老师会更深刻地体会家长的痛苦。当我们遇到困难的时候有一个理解自己的人，可以帮助自己调节情绪。

俞伯牙和钟子期是知己，家长也有自己的知己好友，遇到不开心的事，和朋友说一说，也许可以海阔天空。

小宇今年上二年级，平时是妈妈陪着他学习，每天妈妈不到十分钟就会大吼。后来姑姑出差来家里短住了一个月，每天是姑姑陪着小宇做功课，考试测验他居然是六个满分同学之一。小宇开心极了，告诉妈妈："我喜欢和姑姑一起写作业。"

小宇不会写看图写话，看到图片一点想法没有，姑姑就带着小宇从图片的元素说起，不知不觉小宇就能从原来的不足二十个字，写到一百多个字。这个过程，姑姑温柔地和小宇研究图片，引导小宇逐步地完成。

我想告诉家长的是，当我们带着愤怒去解决孩子的问题的时候，只会让问题越来越糟。除了增加对孩子身心的伤害、家长身心的伤害，家长和孩子双方不会有任何收获。控制好自己的情绪，用正面的、积极的、平和的情绪去管理孩子，才有可能让孩子获得进步。

# 一个拥抱比物质承诺更有意义

　　有的时候我问自己，我是不是一个太吝啬的人？上师范的时候，寝室有八名同学，其他人上完晚自习就会到学校门口的小卖部买干脆面、火腿肠。九十年代初，这算得上是最美味的零食了。但是我不去。我模糊地记得三年里我就买过两次干脆面，第一次是看到大家都去买，我去了好几次，看了又看，抱着尝尝味道的想法，买了第一包。第二包是我得了第一笔五元的稿费，我给弟弟买了一包方便面。

　　我家的生活条件不差，是村里最早买电视机的，最早用好多喇叭的录音机的，最早买楼房的。只要我身上不够五元，妈妈就会给我把零花钱补到五元，要知道那时一个工人一个月的工资也就一百元。

　　我之所以不愿意和同学一起买北冰洋、方便面，是因为我四岁起就和妈妈一起下地干活，妈妈的腰一弯就是一天，爸爸尽管是中学老师，每日自行车的架子上都会带一个装马粪的筐，一路上班一路捡拾路上的马粪，放到自己家的地里。每个晚上爸爸判卷子，妈妈绣花卖钱。我知道家里给我的每一分钱都很珍贵，都是父母的血汗钱。

　　在我的意识里，只有自己劳动获得的钱，才可以自由消费。也许我这种思想过于老土了，现在是一个经济高速发展的时代，我们无需为喝了一杯奶茶、买了一个玩具而背负沉重的道德负担。但是站在一名老师的角度，通过自己的劳动创造财富，是我希望传达给学生的价值观。

133

所以，我个人是不大赞同对孩子进行物质奖励的。当然任何事情都有两面性，不是绝对不可以，是尽量不要用物质奖励代替一切奖励。

试想一下如果孩子需要的物品唾手可得，他还有什么必要去努力呢？一个人正确价值观的建立，不是在长大之后，而是在成长的过程中。

有了成绩就要肯定，就要表扬。但给予激励不等于物质奖励。

**哪些属于物质奖励的范畴呢？**

**一、金钱。**

很多家长看到孩子得了一百分，少则奖励几十元，多则奖励几百元、上千元。难道孩子学习创造出的物质财富，比一个出租车司机、一个电脑工程师、一名医生一天、一周甚至一个月创造的物质财富还多吗？

一百分不等于经济物质财富，这两者不存在任何等量关系，可是为什么家长就一定要给它们建立等量关系呢？

**二、玩具等非生活必需品。**

生活必需品是我们日常生活中必须消耗和使用的物品。比如牙刷、毛巾、蔬菜就是我们的生活必需品。对于孩子来说，玩具不是生活必需品。我承认有很多玩具具有开发思维、培养动手能力的作用，如果说乐高玩具有的创造性是不可替代的，我们就可以把它列为生活必需品，因为学习是孩子生活的重要组成部分，有关学习的物品就是生活必需品。可目前我没有听到这样的信息公布，也就是乐高玩具对孩子动手能力、想象能力、思维能力的开发不是唯一的。

而书本是孩子学习过程中必需的，就可以作为奖励的内容，比如孩子成绩优异，奖励一支笔，这支笔不仅仅是学具，还赋予了激励、肯定的意义。

三、大餐等非生活必须活动。

很多家长看到孩子成绩优异，就奖励孩子吃一顿大餐，或者去高档会所享受一番。我不赞同。道理是一样的。大餐不是生活必须开销，这不是父母在养育孩子过程中必须承担的义务，既然是义务外的事情，我们就没有必要为此去付出更多的劳动价值。

四、没有教育价值的旅行。

很多家长喜欢带孩子去旅行，这点我非常赞同。"读万卷书，行万里路。"这是一代又一代热爱学习的人的共识，读书和旅行都可以丰富人的知识，对于教育孩子它就是有意义的。我看到了太多的家长把孩子放进车里，孩子手里拿着手机、电脑就开始了自己的游戏探梦之旅。既不看路边的美丽风景，也不会去观察车外的变化。到了目的地，好吃好住，既不深入体会当地民情，也不认真研究历史地理。我称这样的旅行是没有教育价值的旅行。

我有一个上了北大的学生，我很欣赏她家的旅行方式。每次孩子读书过程中对某一个人物或者一个地方产生了兴趣，就会以家庭为单位安排旅行计划。这个过程中，孩子要查阅攻略。比如，李白有一首古诗《望庐山瀑布》，孩子学完后就想看看庐山到底是不是像李白所描写的那样，瀑布都是什么样的。孩子就开始搜索庐山在哪里，距离北京多远，选取哪种交通方式最合适；庐山有哪些著名的景点，那里生产什么；历史渊源是什么样的；中国还有哪些有名的瀑布，自己可以顺路观看到哪些瀑布。

做完攻略上路之后，路上爸爸妈妈会带着她一路欣赏，一路补充她所不知道的有关知识。

在旅行过程中，孩子和父母还一起做旅行记录。有的是妈妈写，有的是爸爸粘贴，有的是孩子记录。

旅行结束后，擅长摄影的爸爸，一定会整理一份照片资料和家人一起分享旅行中的点点滴滴。

这样的旅行我认为教育价值非常大，也是真正意义上的旅行。我们很多人喜欢旅行，父母也特别想开阔孩子的视野，但是很多家长把旅行当作喝大酒吃大肉。我个人是不大欣赏的，至少在孩子同行时不适合。

精神上的奖励比物质上的奖励作用更大，形式更简单，方法更便捷。

### 一、一个拥抱。

拥抱不仅可以传递爸爸妈妈对孩子的爱，还可以传递对孩子努力的肯定。而且从心理学的角度讲，从小接受父母拥抱和亲吻长大的孩子，更会爱别人，更懂得爱。这种肢体上对孩子的肯定会对孩子的内心产生影响。

### 二、一个口头表扬。

俗话说得好："数子十过，不如奖子一功。"您看到孩子优秀的成绩后告诉孩子："妈妈为你骄傲，你真棒！"会在孩子头脑里留下痕迹。在赞美和肯定中长大的孩子更健康、更自信。

### 三、一个表扬仪式。

生活需要仪式感，同样孩子也需要仪式感。如果孩子一周作业都在规定时间内完成，我们就可以给他开个家庭会议，家里的成员表示对他行为的肯定。这种仪式感会让孩子觉得自己的付出被重视，会更努力完成下一周的学习任务。

如果孩子每天都坚持自己把作业做完，家里就可以给孩子举办一个小小的发奖仪式，用这样的方式告诉孩子，他每一点进步爸爸妈妈都看在眼里，让孩子有更多的热情，去挑战更大的困难。

很多事情很简单，是我们把它复杂化了。学习是孩子自己的事情，写作业是他学习中需要承担的职责，是孩子的义务。作为家长就该用一颗平常心去看待这件事情。孩子作业没有写完，孩子作业写得乱七八糟，孩子的作业磨蹭，这些都是很平常的事情，都是孩子长大的一个过程。在这个过程中，如果我们用孩子的行为激励孩子自己，当然很好，如果我们保持一颗平常心，认为这是他应该做的，也很正常。每个人都有自己要扮演的社会角色，这个角色承担着应该履行的义务，这是一种常态，而我们大张旗鼓地把学生这个群体孤立出来，放在耀眼的聚光灯下，我个人认为是不妥的。

第四章

小小作业大技巧

# 应该培养哪些好习惯？

所有父母都知道，习惯是学习效果的助推器。但是好习惯是怎么培养的呢？小学时期关键的好习惯有哪些？

我还是先说我个人的例子，也许会对您有所启发。

我在一线教学二十七年，算是一名老教师了，教学经验会丰富一些，教学效果也会好一些。但是我不是一开始就是这样的。

我记得我十七岁毕业，带的是五年级。很吓人，班里最大的孩子十六岁，比我小一岁，而且有三个，那个时候还实行留级制。二十七名孩子，有三个严重超龄的孩子，可想而知班里的孩子有多难带。而且我自己更是白板一张，没有任何教学经验。

用一句话评价那个班级：淘气＋思维慢。其中有两个被科学诊断为智力低下，一个被诊断有精神疾病，是受到刺激造成的。作为年轻老师的我，每天带着一腔热情去上课。可是，第一次期中考试就把我彻底打败了，班上三分之一的孩子不及格，大多数孩子只考七十多分，我跑到河边大哭。我的意志一下子被摧垮了，我是多么糟糕的老师呀！

后来在很多同事和校长的帮助下，再加上我自己的努力，我慢慢地成长。我从简单的事情开始做起：

板书的时候，要拿出八分视力放在学生身上，因为孩子会在你板书的时候做鬼脸、下位子、吃东西。

作业本中有了错题，一定要第一时间帮助孩子订正，这种往往是因为课上方法没有听懂导致的，及时查漏最有利于提高教学质量。

提问的时候，要分层次，比较难的问题，从优秀生开始，过渡到学习有困难的学生。

重点的问题，不能只一个学生回答。

长方体相关知识的学习，一定要让孩子亲自摸一摸，感受空间。

慢慢地很多关于教学方法的问题，我有了经验，经验是什么？经验就是在不断成功中总结出来的方法。因为它成功的概率高，我们才会称之为经验。这个经验的提炼是建立在前辈工作经验的基础上，从前辈的口口相传和课堂教学模仿中习得的。那么，好的经验，如果靠自己去摸索，付出的时间和精力成本是高于建立在前人经验的基础上的。

孩子们的习惯和我的教学经验一样，也要建立在您和家人或者同学、朋友等等，共同养成的习惯基础上的。

对于写作业的习惯，我们罗列一下：

### 一、每日记作业的习惯。

很多孩子到了家不知道作业是什么，家长就帮着孩子到处问，问老师，问同学。记录作业是孩子写作业的基本准备工作，孩子从一年级起就要养成记作业的习惯。

孩子不认识字，怎么记作业呢？很简单，小孩子的想象力是超越成人的，他们对符号感知的能力也是超越成人的。就利用这两点，哪怕再小的孩子都可以记作业。

比如，某个一年级学生，老师留的作业：读第 53 页书三遍；口算题二十道；画一张卫生小报。

怎么记呢？

第一项作业：画一本书，在上边写上 53，在旁边标一个③。

第二项作业：画一个嘴巴，旁边写上20。

第三项作业：画一个长方形，里边画一把扫把。

也就是用符号＋绘画的方法记录作业。同样的道理，让孩子创编属于自己的常规作业符号。

我曾经遇到过五年级的同学，作业随便记，一会儿在纸上，一会儿又在书上，这样做是不对的。不要小看一个记事本，它是孩子养成做事有条理的一个好方法。我建议家长，给孩子准备一个专用本，比如双线本。简单的练习本，页数多，孩子更好规划和利用。

记作业必须要完整：时间、内容，最后一个部分是家长签名。

如果有心的孩子，还可以把一些重要的学习内容记到记事本上，把记事本转化为一个学习精华记录本，更有利于孩子把知识积累和沉淀下来。

二、专时专用。

缺乏时间概念是现在孩子普遍存在的一个问题，也就是家长常说的——磨蹭。

所以首先要帮助孩子建立时间概念，完成作业需要多长时间呢？是您说的半个小时吗？当然不是。是老师说的半个小时吗？当然也不是。《小马过河》的故事已经告诉我们这个道理了，一定要自己亲自试试。

一般来说，老师留作业是有一定规律的。比如低年级老师每天基本都会布置口算、计算，读书、写词语，读英语。一般是老师当天新授课的内容，所以内容会变，而形式很少改变。

那么家长就要帮助孩子记录每一项常规作业的时间，比如，一年级小朋友，口算第一天用了十五分钟，读书用了十分钟，读英语用了十五分钟，听写用了十分钟。

第二天，家长还要这样记录。记录上三五天后，就可以给孩子做一个作业时间表。在表里列出作业的项目和平均使用时间，最后要注明合计时间。

也就是孩子写作业是否磨蹭，参照的一定是他自己。我们很多家长抓狂，特别是低年级家长抱怨孩子磨蹭，是因为用了成人的标准。他们做不到蹲下来看孩子，无论他们有多么了解孩子。

我的学生曾经对我说了这样一段话，当时我教六年级，她说："王老师，我怎么觉得您什么都不懂呀，心理年龄也就十岁，还要让我们照顾您。您在家是不是都是叔叔做事呀？"她说完后，我噗嗤笑了。孩子们的评价一点没有问题，作为一名小学老师，心理年龄就该是六到十二岁，也只有这样，我才可以做到和学生同步，也才能更好地帮助我的学生。

这是我的职业特点所形成的心理年龄，而我们家长，除了个别从事幼教或者小教专业的家长，更多是和成人打交道。习惯了用成人的思维考虑问题，用成人的标准衡量人。这也是造成家里鸡飞狗跳的一个重要原因。

一旦学生每日常规作业时间表落实，就要执行，如果孩子口算明明应该用十分钟，但是他却写了二十分钟，作为家长要拿出态度，奖惩分明才会帮助孩子养成一个好的习惯。而不能要求是要求，执行不到位。

三、独立自主。

很多家长，特别是低年级学生的家长一看到孩子慢悠悠就开始着急，就想包办代替。这属于责任划分不清楚。写作业是孩子的事情，不是家长的。

家长应该怎么做呢？保持安静。如果孩子是刚刚进入学校，需要我们家长的一些辅助，但是也要能不帮就不帮。比如从书包里找书，很多家长看到孩子找不到书就着急，就亲自上阵，你管一天，管两天，以后呢？孩子书包的主人就是家长而不是孩子。

还有的家长看到孩子写了错题，不管作业做没做完，就打断孩子："不对，应该这样……"就是这么简单的一句话，我负责任地告诉您：好习惯永远养成不了！在写作业的过程中，对错不是重点，重点是孩子有一个正确的坐姿，有一个专注的态度，有一个安静的环境。甄别对错，是写作业之后的事情，那是改作业。

　　家长一定要清楚，写作业不等于改作业。

　　这是两个不同的动作，是两个不同的事件。孩子写完了之后，如果您愿意帮助孩子提高作业的质量，再帮助孩子纠正，而不是打断孩子。

　　还有家长特别重视孩子的视力、身体的发育。孩子低头写字着急了，孩子弯腰写字担心了。我告诉您，这也不是写作业的内容。视力变差当然要重视，身体发育受阻当然要改变，发现这个问题，什么时候去解决？写作业前，或者写作业后。比如写作业前可以提醒孩子，写作业后可以指出来，最好的办法是借助工具帮助孩子改变错误的书写习惯。

　　比如：握笔不对，给孩子的铅笔装上握笔器。

　　孩子眼睛总是距离书本太近，给孩子装上视力矫正器。

　　孩子总是弯腰。换一套合适的桌椅，或者给孩子用背部矫正器。

　　这些工作都是发现问题之后，需要家长协助改进的。而不是在写作业的过程中，不停打断孩子，破坏孩子的专注力。

　　陪伴孩子的过程中，做好榜样。孩子写作业的时候，您可以做自己的工作，或者做比较安静但是有意义的事情。不要玩手机、看电视、聊天。家长良好的习惯是可以传承给孩子的，比如爱看书的家长，一般孩子也爱阅读，因为家长抱着纸质书阅读会无形中吸引孩子的兴趣。

　　即使需要做饭，也尽量保持安静。比如烹炸这样响声比较大的饭菜可以在孩子写作业间歇做；饭菜的香味也会干扰孩子。如果无法避开，尽量使干扰降到最低。

　　所有的人都知道养成好习惯可以受用一生，而我们更多的是把这个习惯养成停留在口头层面，没有通过大脑思考，我们可以为孩子写作业的习惯养成做些什么？可以借助自己的力量促进孩子在写作业过程中养成哪些好习惯？拥有先进的理念才可以让自己的路走得更顺畅，但仅仅有想法、有理论是不够的，还需要我们用具体的行动来落实这种理念。

在我的思想认知里，孩子都有着各自的可塑性，都是一个巨大的宝藏，引导好了，就可以让他们的才能得到最大限度的发挥。习惯的养成需要一个漫长的过程，一旦养成，将使孩子终身受益。

# 好习惯不是说出来的

家长们经常会责怪孩子没有良好的习惯，从一年级一直训斥到六年级，到最后孩子已经彻底不知道什么是习惯了。其实不是孩子没有好习惯，是家长没有培养孩子建立好的习惯。

我在班里经常和孩子们说：学习是自己的事情。对于成人来说这句话很容易理解，但是对于小孩子来说这个观念的建立，要不停反复，甚至整个小学六年都在做这一件事。学生学习自主性的培养是一个大工程，它需要渗透到学习的每一个小环节里。

每次班上上自习课，我都会在黑板上写一句话：自习课是自己上课。第一次带着学生上自习课，我会告诉孩子们："自习课是自己上课。老师不在，同学不在。"然后带着学生演练，我问："如果你有不会的问题，你可以问老师吗？"学生答："不可以，老师不在。"我问："如果你的笔断了，你要和同学借一根，可以吗？"学生回答："不可以，因为同学不在，可以到公共笔盒自己拿。"我问："如果你作业写完了，接下来应该问老师怎么办吗？"学生答："不可以，因为老师不在，可以自己安排。"

这是一个很重要的环节，要能让孩子深刻理解什么是"自己上课"。要让孩子产生假想，身边空无一人，只有自己，才能够集中精力做自己的事情，不去打扰别人，也不被别人打扰。

最后，就是执行落实。特别是在第一次的时候，当教室里只有写字翻书的声音时，孩子的做事效率就很高，但是过了二十分钟，有写完了的，就开始忍不住想对话，努力举了很久的手，我就是视而不见，有的时候就是从他高举的手旁走过。孩子就会慢慢放下高举的手，翻书包找一本合适的书看。有的时候，孩子忍不住想和同学借橡皮，我会牵着他的小手，让他自己到前边的公用笔袋里找。打破原有的有问题就要问老师、有困难可以找同学帮助的模式，让孩子在一个独立的空间做属于自己的事情。

这样带领孩子上几节自习课，孩子们就会慢慢地接受：自习是自己上课。老师不在，同学不在。能够在一个相对独立的时间里，加强自我学习意识的培养。

在晨检之前，学校会有二十分钟的早自习时间，但是有的孩子会来得比较早。我依然沿用我的自习训练模式。我会在黑板上写上当日自习的任务，然后告诉学生上自习的几个动词：推门，坐下，拿书，看黑板，执行任务。有的时候孩子会忍不住和我说一些有关作业的事情，我就全然当作没听到，哪怕他一遍一遍地叫我，我也不会答应。一个习惯或者一个规矩的建立，都需要所有人共同遵守，它才可以成为一个大家必须执行的条例。

学习自主性的培养，首先要有自己的主体意识，就是要让孩子明白"自己"的含义。我们不能总是把这个词空洞地告诉孩子，要把它结合具体的行为和事件呈现出来，而不仅仅是一种想法、理念、观点。同样，家长可以把需要培养的重要习惯，分别建立概念，落实在具体操作中，通过反复练习培养习惯。

帮助孩子养成不磨蹭的好习惯，可以这样做：

首先，建立珍惜时间的概念。如果孩子年纪小，可以采取做游戏的形式，让孩子知道什么是短时高效，什么是磨蹭。比如：拼图就是一个很好的游戏方式。可以选择做难度系数相当的拼图，完成快的就是高效，完成慢的就是低效。通过几次比赛，我们一定会找到一定的规律，什么方法让我们拼得快。先把知道两条边的图片找出来，然后找出知道一条边的图片，再借助颜色和图形来找特点更鲜明的图片，最后确定没有特点的图片。知道方法，我们在比赛中就能提高效率。要让孩子知道，做事需要一定的逻辑安排，才可以提高效率，最后引申到作业上。

可以从最简单的口算开始，目的是节约时间，什么样的方法可以节约时间呢？写的形式：竖着写还是横着写。经过几次测验孩子就会发现竖着写速度会快。是先空着不会的还是按照顺序做快呢？这些都可以通过游戏找到答案。

这样游戏式地完成作业，就会让孩子明白，用最短的时间完成一项作业就是高效，时间短也是有方法可循的。

在学校我训练孩子专心做作业，不是不停地强化什么是专心这个词。这个概念我不是用字典上的词义，而是结合孩子们写作业过程中具体是怎么做的，比如我发现某位同学一直没抬头地写作业而另一个同学总是东张西望，结果前者作业速度就高于后者（这里也是有技巧的，选定的对象要有鲜明的速度对比，最好是两个比较极端的个例），我就不停地夸奖低头写作业的同学，大家就会共同发现这个特点，最后总结出写作业快的方法就是"低头写作业"。

然后，强化训练，达成能力。任何事情从会做到形成能力都需要一定的过程。无论是我在学校训练孩子上自习课还是训练孩子专心，都要通过反复的专时训练。都说鱼的记忆只有七秒，小孩子的记忆也很短，所谓的短不是他们真的记不住，而是把一种概念转化成行为，他们需要反复的强化和有意的训练。

您要训练孩子不磨蹭，就要把一件事情坚持连续地做，让孩子把这种行为转化为必然和唯一。每天都要重复相同的话、相同的内容，不断夯实习惯的核心。

最后，肯定是原料，赞美是味素。孩子如果按照您的要求做了就要及时给予肯定，而且要把孩子的成功表达出来。比如：每次自习结束，我一定会有一个小结，告诉大家哪位同学在自习课中表现好、哪位同学有了进步。而在培养孩子专心这件事上，我就会不停地说"小鱼低头写字就是专心。""嘉嘉低头写字就是专心。"不停把孩子们带入我的核心概念里，用这种方式表扬孩子，激励大家做得更好。

# 正确使用生物钟

生理钟（biological clock）是生物体内的一种无形"时钟"，它实际上是生物体生命活动的内在节律。

每个人的生物钟都不一样。有的人习惯了早睡早起，每天上午的学习时间最有效；有的人是在饭前学习效果最好，因为胃里不需要血液分解食物，所有的血液都供给了大脑，提高了学习效率；有的人是运动后学习效果最好，因为运动会分泌多巴胺，增加幸福感，同时分解出可以帮助我们记忆的酶。总之每个人的生物钟是不同的，合理地使用生物钟能有效提高效率。

那么我们是不是就要研究和发现孩子的生物钟呢？当然不是，我们要帮助孩子建立生物钟。小孩子，特别是刚入学的孩子，自身的生物钟记忆的就是玩和吃这两件事，学习是上学之后，在老师的引导下，在家长的要求下，才添加了生物钟任务。所以他们上学前没有学习生物钟，也就谈不上合理地使用生物钟。

两年前，我在教一年级的时候，别班的老师，都会利用中午时间给孩子们讲错题，或者改作业，而我不是，我让孩子们吃完饭休息十几分钟后——睡觉。为什么要这样做呢？孩子们从三岁到六岁都是在幼儿园生活，幼儿园的生活规律是吃过饭后统一午觉，刚入学的孩子午餐后的生物钟还是睡觉。

这个时间，让他们学习，一方面大脑和消化系统抢夺血液，是不科学的。另一方面就是长达四年的生活习惯，如果强行修正，会让孩子们出现身体不适，比如发热、头疼、精神萎靡等等。严重的甚至会导致厌学。遵循生物钟，让他们睡上二三十分钟，这样下午的学习才会效率高。

### 家长应如何帮助孩子建立学习生物钟呢？

　　首先，要根据孩子的个体身体情况。

　　每个孩子的身体素质不同，有的孩子上了一天学还是充满了活力。我们班的一名男同学，就像一个能量宝宝，上了一天学还是能量满满，放学后，还帮妈妈在厨房做饭，当然以捣乱和偷吃为主。我经常看妈妈在微信里发的孩子的微视频。有妈妈在家里的门廊给孩子挂的单杠，孩子会在上边上上下下地折腾很久；有妈妈给孩子买的单人蹦床，他会故意在房顶放一个参照物，蹦起老高寻找刺激；还有自己用沙发坐垫搭建的城堡，在建成的隧道中爬来爬去；他喜欢唱歌，最安静的时候，也就是拿着话筒在家里对着电脑唱歌了。

　　这样的孩子放学后就要先让他运动，运动半小时后，再学习。最初让他坐下来会是一件很困难的事情，就要有约定，如果他不能安静地学习半小时，那么明天的运动时间就要取消。这不是对孩子的威胁，而是告诉他原则，每件事都要合理地安排，一旦不履行这个原则，就要承担相应的后果。

　　我们班还有一个男孩子，在学校就一声不出，但是特爱写作业，只要老师布置了作业，他就低头写。这样的孩子，回到家就可以继续安排他学习，帮他建立学习生物钟，因为这个孩子是一个要求立刻完成任务的人，如果你非要让他先休息再学习，对于他来说反而是一件不开心的事情。

　　其次，要科学地安排，创建生物钟。

很多孩子回到家第一件事情就是吃，特别是老人接孩子放学的，会给孩子准备一顿丰盛的加餐，比如炸鸡腿、汉堡包、糖葫芦、巧克力等高油脂、高热量、高糖分的食物，如果孩子把这些食物吃下去后，胃肠道的消化负担一下子加重，就会削弱大脑的记忆能力。美美的大餐之后再学习，效率一定会低。如果每天都是如此，那么孩子的生物钟就相当于没有建立，尽管大脑告诉自己，这个时间应该学习了，孩子也安静和乖巧地配合，但是单位时间内的收获却是最低的。慢慢地还会发展为写作业拖拉，作业错误多，要是赶上急躁的家长就会鸡飞狗跳。家长会觉得孩子不用心，孩子会觉得妈妈对自己苛刻。

那是不是回家就不能吃东西了呢？当然不是，如果不是家里的正常晚餐，而是因为肚子饿了进行的加餐，可以给孩子准备一些新鲜的水果、沙拉，或者少量的高热量食物。而且在数量上也要加以控制，如果水果吃得过多，有过强的饱腹感，同样会影响头脑血液的供给。

加餐要做到：新鲜、清淡、数量少。

孩子加餐后，休息一会儿再学习，这样建立的生物钟会对效率提升有帮助。生物钟的建立需要一个长时间的有序的组合，通俗意义上讲就是我们说的养成好习惯。什么事情都怕"坚持"二字，在孩子入学初期，就用科学的方法，帮助孩子坚持，养成良好的习惯可以让孩子受用一生。

最后，对于已经有一定生物钟的孩子，我们就要帮助完善和合理地修正生物钟。

很多家长都向我咨询过一个问题：孩子写作业，一边听音乐一边写，可以吗？我的回答是可以。因为长期的习惯养成，让他的生物钟里已经刻上了"音乐"这个元素。如果您要强行拿走，那就是改变了他的生物钟。最好选择比较平静的音乐，在进入学习状态后就被忽略的，就像书桌上放的一盆花，不会对他的思想产生干扰就好。

还有的家长问：孩子一边吃东西一边学习，可以吗？我的回答也是可以的。这个和音乐一样，他已经习惯了。从健康的角度当然是不好的，因为一边学习一边吃，肯定不卫生，我们不能保证书本上的细菌不被孩子吃进嘴里，而且他吃的要是薯片等高热量的食物同样会影响大脑的记忆。但是如果他已经形成了这种生物钟，在小的时候没有修正，孩子越大就越难以修正。所以要慢慢地帮他改变。比如从选取的食物开始，建议孩子最好吃哪种，这里家长尽量避免，"不要吃……""不要做……"这样的否定式的语言和语气，因为从心理学的角度讲，当我们告诉孩子"不要"的时候，孩子一定会顺着"不要"的这条路走下去。改变建议的方式："今天的草莓不错，你可以吃些。""酸奶是今天刚买的，味道不错，你可以试试。"慢慢地减少那些不健康的、不卫生的食物。

孩子的生物钟是建立在科学的体系里，所以尊重科学的同时，要使用科学。最后建议家长，要尊重孩子的年龄特点，小一点的孩子，每学习半个小时要休息十五分钟；大一点的孩子每一个小时要休息十五分钟。

# 找到波峰很重要

前文我们讲到合理利用孩子的生物钟，建议家长科学地帮助孩子建立生物钟，这节我重点讲，如何更科学使用生物钟。

我和很多家长说过，一到三年级的小朋友九点要上床睡觉，无论作业写没写完都要让孩子保证九个小时的睡眠。现在我们大部分采取就近入学的方式，按照七点三十分进校门的时间计算，孩子六点半左右就要起床了，所以九点休息比较合理。很多家长说："我的孩子是夜猫子，就是睡不着。"

我记得我儿子小的时候，只要到了九点钟，孩子要睡觉了，我们家里所有的灯都会关掉，爸爸和我都一起睡，我会紧贴着孩子，让自己的体温传给孩子，让他有足够的安全感。刚开始他也会用小手抚摸我，嘴里不停地叫："妈妈，妈妈……"我就会靠他更近一些。

育儿专家说，儿童，特别是幼儿在睡觉的时候，会有不安全感，他更需要家长的陪同，这样可以让孩子睡得更加安稳。

时间久了，孩子到了九点自然就睡了。

九点之前做什么呢？我们按照孩子四点半放学这个时间点计算，也就是包括晚饭时间孩子总共有四个半小时，一到三年级的作业时间一般很短。前文说了，什么时间写作业，要根据个体的差异而定。但是一旦选择了一个合适的时间点，我们就要遵循这个规律，强化这个安排。

比如，您根据自己家的情况，规定孩子七点开始写作业，那么只要七点到了，无论孩子在做什么，都要让孩子坐到书桌前，像在学校一样专心写作业。很多家长会觉得很困难，我父亲的做法，让我记忆深刻，也许可以供您参考。

我的父亲是初中语文老师，小的时候他定了一条不成文的规矩，就是姐姐一上初中，我们家上学的孩子就要和姐姐一起从七点半学习到九点。那时，弟弟还没有上学，我是小学三年级。那个时候电视就三个还是四个频道，父亲让我们三个孩子都要看新闻联播。新闻联播一结束，老爸就把电视关了。一起写作业的还有堂哥。

小学作业很少，我做事又快，一放学就写完了。所以对爸爸做出的这条规定特别不服气，觉得我学习那么好，不用看书自习，就用无声的动作做出强有力的反抗。干吗呢？我把头靠在桌子面上，脸藏在胸前，就是不拿书。爸爸也不说，那个时候坐的就是木板的方凳子，坐半个小时以上就硌得慌，我扭来扭去，偷偷拿眼睛扫我爸，想卖个萌，以为我爸看我累了就不让我受刑了。但我爸和没看见一样，因为是方桌，我们四个人每个人一个边，我爸就跟包拯一样，一点没有通融的意思。我姐和我堂哥两人一会儿做题，一会儿背书，就我用手指头使劲地抠椅子面，发出刺耳的声音，以发泄我的不满。到了九点，我爸才说："收了吧，到点了！"

第二天还是这样，第三天也是，我记不清楚是几天之后了，我看我也熬不过我爸，就开始读语文书，一课一课地往后读，后来就开始动笔写数学书后边的思考题，那会儿书上都有很难的思考题。不知不觉，我就开始从七点半学习到九点，这种状态一直持续到我初中毕业，当然后来不是九点，最晚的时候是夜里一两点。

我学习的最佳状态是父亲坚持给培养出来的。我后来长大了，也有培养自己的学习效率最佳波峰的意识了。

上师范的时候，学校采取的是军事化管理，起床、睡觉都有统一的号角声，包括男生女生的发型都是统一标准，被子也要叠成豆腐块，牙缸、毛巾等所有物品的摆放都是统一要求。正因为如此，睡觉时间到了之后，再想学习就是一件非常困难的事情了。

熄灯后，在寝室里点蜡烛，用手电，那是不要想的事情，因为楼管老师似乎有特异功能，只要用了，他立刻出现。唯一有光线又不会被老师批评驱赶的地方就是卫生间。

尽管卫生间的灯光很暗，但是想要学习的人太多了，卫生间也是早去早有。为了找到位置，十点熄灯，我十一点爬起来，去卫生间温习功课，这个时候大部分人都去休息了，我要靠着卫生间的墙站着学习两个小时。

三年下来，每天夜里十二点反而是我学习效率最高的时段。我被外界环境强迫变成了夜猫子。

由此可见，写作业这个波峰的形成，最初是靠我们家长去规划和落实的，需要坚持。最怕的就是刚开始热情高涨，过了几天，就丢到脑后了。然后又回到原点，一日复一日，反而让孩子找到了拖延的规律，占了先机。

到了中高年级，我们就可以把休息的时间后延至十点，初中的孩子还可以再适当地顺延一点。从放学到睡觉，扣除必要的晚饭时间，您再根据孩子的个体情况合理统筹，因为有的孩子会有兴趣培养课程，比如弹钢琴、踢足球、打网球，这些兴趣都是非常好的，是需要鼓励和坚持的。如果一个孩子可以用十年的时间做一件事，那么他的意志力一定是超群的，上进心一定是满载的。

在有限的时间内，做完、做好多件事，就又回到我前面提到的合理统筹、时间概念的建立等相关问题。所以，看似简单的作业时间安排，其实是一个复杂的系统工程，就是因为它具有复杂性，我们才会觉得难办，这种评价是没有任何问题的，如果一个家长站出来说，写作业很简单，那么他的孩子一定是班里前百分之十的孩子，不具有普遍意义。所以，亲爱的家长们，您面对的就是一个巨大、艰苦的事情。自己吼叫、愤怒、爆发是正常的情绪，但归根结底，还是要帮助孩子养成好的习惯，巧妙利用生物钟。

# 老师告诉我……

在平时的工作中，家长们经常拜托我，说："老师，这个孩子就听您的话，您多帮帮他！"有的时候，我向家长反映孩子在学校的情况，家长当着我的面就说："你听见没有，我告诉老师，让老师管你。"可是家长们有没有想过，老师不仅仅是管教、训斥孩子的，也可以激励、调动孩子呢？

有一次我在家长会上幽默风趣地说："套用毛主席的'不管是什么人，谁向我们指出都行。只要说的对，我们就改正'这句话，不管是什么家长，谁借用我的名号都行。只要是为了孩子好，您就可以用。"

我接着告诉家长："我知道很多孩子听到老师就会害怕，为什么这么怕老师，我觉得还是因为老师对孩子付出了，孩子们懂。这种怕其实是一种信服，既然孩子们认可老师、信服老师，您除了遇到困难，需要我们帮忙的时候，用我这只假老虎压制孩子，还可以在孩子需要帮助的时候，用我这个被信服的对象鼓励孩子。比如，孩子的作业如果连续得了良，您可以告诉他，王老师说了，'你有了很大的进步。'"

当我告诉家长这个办法后，王老师的名号就经常出现在家长对孩子的辅导中。

雷雷是班上学习能力比较弱的一个孩子。他不仅学习弱，身体也很弱，上五年级的时候，感觉还像一个二年级的孩子。一方面他妈妈的个子就很小，有遗传的因素；另一方面，孩子总生活在一种恐惧中，眼睛不敢看老师，每次站起来发言，手都紧紧地拽着衣角，一句话说半天，声音特别小，竖起耳朵使劲听也费劲。他写的字也又小又轻，要拿着一把放大镜才能批阅。

这个孩子身体上的问题和他的心理有直接的关系。因为孩子成绩一直不好，但是家长又对他寄予厚望。面对孩子糟糕的成绩，家长内心肯定是痛苦的。每天妈妈送孩子上学的路上，都要反复和他说："好好学习，要听老师的话，别淘气。"也许正是如此，孩子背负较重的心理压力，面对糟糕的成绩，对自己失望，写字小、声音轻、胆怯等都是他内心紧张的外在表现。这样的孩子最重要的是让他重拾自信。

在学校里，有老师帮助。个别辅导的时候，我会夯实基础，舍弃难题，让他拿到卷子上的基础分，先保及格，再要求提升。可是到了家里，妈妈并不知道什么样的题是基础题，什么样的题是难题，每天辅导作业就是一件很痛苦的事情了。

孩子很乖，写作业的时候从来不会东摇西晃，也不会马马虎虎，但答案都是前言不搭后语，相当于是一份无效作业。孩子每天看到作业上的叉子，信心一次次地丢失。我告诉妈妈，不要跟着大家做作业，每天做我单独留的小卷子。

这种乖乖的努力的孩子，自尊心更强。妈妈说不让他做老师集体布置的作业，他就问妈妈："妈妈，我是不是大笨蛋呀，都不配做和同学一样的作业？"任何一个母亲听到这句话都会难过，妈妈很聪明，想到了我家长会上的话，妈妈说："不是的，老师夸你进步很大，马上就要单元考试，她相信你这次一定能考得好。所以悄悄告诉我，给你在家也单独辅导，帮你一起取得胜利。儿子，因为你进步了，老师看到希望了。你难道不为自己高兴吗？"

孩子听了妈妈的话，格外开心，因为都是在学校我带着他练习过的题，他再做起来，虽说错误还是不少，但是比做和同学一样的作业要轻松一点。

第二天，孩子在我的讲台上悄悄地放了一个苹果。我冲他笑了笑。上课的时候，他的目光更加清澈。以后，每天他都在我的桌角放一个水果。不仅如此，每天妈妈接他的时候，他还会问："妈妈，今天老师和你说什么了？"妈妈会告诉他："老师告诉我，今天你作业比昨天又多做对了一道题，是吗？"他就嘿嘿一笑向前跑了。

尽管这个孩子成绩一直不太理想，但是在妈妈每天告诉他"老师告诉我"之后，孩子变得阳光了，紧拽的衣角也松开了。

小时候，我们犯了错，妈妈们会说："你就闹吧，再闹警察把你抓走。"我记得从我参加工作开始，家长们就对孩子们说："你再不学，我就告诉老师。"既然老师在孩子们的眼里这样有威慑力，家长可以"狐假虎威"地盗用老师的名号。

比如，在学校里，老师会在班里设评比表，孩子们看到自己得到的奖章多就很骄傲。家长也可以在家里设置评比表，每日孩子有了进步，画上一个标记，一周或者一段时间结束后，找"老师"写上一句话："看到你在家里表现这么出色，老师为你高兴！继续加油！"或者写上："这真是你每日完成的吗？太出色了！"也可以写："这是一张多么棒的成绩单呀！老师相信，还有更大的惊喜等着我。"

这个老师自然可以是借用的，也可以是真正的老师，我相信老师会非常愿意配合您对孩子的教育。我们总是说家长配合老师的教育，其实在教育这个大问题上，老师和家长是绝对信任、高度配合的战友。没有谁为主，谁为辅。谁做得效果更好，谁就是最主要的，谁可以更直接帮助到孩子，谁就是最重要的。

以往，我们家长在家里用表格记录孩子的行为，大多是做得好就有物质奖励，或者精神抚慰，而忽略了教师的重要职能和作用。

当然永远只是写一句，对孩子的刺激也会慢慢减弱，比如如果孩子坚持了一段时间，这个时间不要太长，最好不超过两周，因为孩子做一件事的忍耐力和成人没有可比性。我们还可以让老师孩子拍张合照，和表格贴在一起，这是最直观的表扬。

　　也可以和老师商议，在两周之内，给孩子一些老师能答应的承诺，比如免一次作业、口头在班内表扬、发放班集体的一项奖励等。原则是只要能够起到促进、激励的作用就可以。

　　作为老师，我们也希望家长在帮助孩子的过程中方法正确、效果好。更不想看到鸡飞狗跳的场面。

# 递给孩子一双搀扶的手

哪吒本领高强，因为他不仅有风火轮、红缨枪，他更有三头六臂。一个孩子一双手，要想让自己的孩子变得优秀，我们就要让他像哪吒一样，不仅有法器，还要有三头六臂。我不是在讲神话传说，家长的一双手递给孩子，孩子就有了一双可以依靠的手。

我认识两名同是三年级女孩子的家长。其中一名孩子是年级第一，不仅学习成绩好，而且性格文静，爱看书，会弹钢琴，画画也非常棒。妈妈谈到自己教育观的时候，轻描淡写地说："孩子不用管，家长发现她的兴趣点，尊重她的兴趣。不要过多地去干涉她，要相信孩子。如果管得过多，孩子反而无法发展。"另一名家长孩子学习成绩在中等之下。虽然是女孩子，但是比较好动。爸爸妈妈苦口婆心，但是孩子依然大大咧咧，好动好说，成绩总是会让家长出一身冷汗。不要说兴趣培养了，每天能够顺利地完成学校的学习任务，家长就阿弥陀佛了。

爸爸说："上学前，没有养成好习惯。上学后，她妈就知道玩手机。我一说孩子，她妈还说我管得多，三句两句就要吵起来。"

两个同岁的孩子，为什么家长的感受截然不同呢？到底是像第一位家长说的那样，孩子可以什么都不管，顺着自己的兴趣就好了；还是应该像第二位孩子的爸爸追着管呢？

我相信大家都看过《小马过河》的故事，每个孩子的情况都不一样，千万不能人家说水深就水深，人家说水浅就水浅，要自己亲自试试。

有一次放学，我看到接孩子的家长中一位妈妈手里捧着一本新概念，在等孩子的时候，一边看一边画。我好奇地走上前，问妈妈："怎么单位要考新概念吗？"她不好意思地笑着说："没有，随便看看。"我很不礼貌地拿过书，看到上边的圈圈画画，继续刨根问底："这随便可够认真的。是为了孩子吗？"我直接问原因。

妈妈笑着答："孩子学习英语，我怕自己说的不对，她学我也跟着学。毕竟放下了有些年了，有些单词都忘了，重温一下。"我给她竖起大拇指，说道："难怪你女儿那么优秀，原来有你这么一位优秀的妈妈呀！"

一会儿，她的女儿从学校里出来了，笑着对妈妈说："妈妈，我可以先和鹏鹏画一张画，再回家吗？""可以呀，但是时间不能超过十分钟。超时就要取消你看课外书的时间。""没问题！"女儿乖巧地跑开了。

从这段简短的谈话里，我们发现了什么呢？

第一，为了让女儿学习英语更出色，妈妈做起伴学郎。

这位妈妈的陪读，不是形式上的陪读，而是女儿学自己也学。在孩子学习的过程中，不仅给孩子树立了学习的榜样，还有机会成为孩子真正的老师。这样的陪学，不仅是外在的，还是精神上的。

第二，帮助孩子养成时间管理的好习惯。

女儿提出要和好朋友画画这个要求的时候，妈妈答应了孩子的要求，但是同时告诉孩子要重视时间，一个有良好时间管理能力的人，才会珍惜时间。而这种时间意识的养成，靠每日强化。

我是一个时间概念很强的人，有人说我"恨活"，有了工作就要第一时间完成。怎么形成这个习惯的，我不知道，但是我记得很清楚，我上师范的时候，从家到学校骑车需要一个小时零五分钟。为什么会这么清楚地记着这个数据呢？因为我每骑到一个路口的时候，都会记时间，如果超过了上次的时间，下一个路口我就会猛骑，在多次测量之后，我知道一小时零五分钟，是我既舒服又没有时间浪费的状况。

同样，我对很多事情都会有这种时间管理概念，比如做饭，做每种菜需要的时间，甚至不同焖饭方式所需要的时间，我都会一一记录，最后选择一个最合适的时间。在电饭锅和砂锅两种焖饭方式上，我就选择了砂锅，放弃了电饭锅，因为砂锅用时更短。

女儿去玩，妈妈给规定时间，就是对孩子时间管理意识的培养，长此以往，孩子的时间概念就会增强。

第三，奖罚分明的教育理念，教会孩子养成做事的责任心。

任何一种有效的管理制度都需要奖罚制度的完善，大到国家法律，小到生活琐事。奖罚既是相对立的，也是相互促进的。当妈妈同意孩子的要求之后，妈妈告诉她，"十分钟不回来，就取消晚上的读书时间。"这就是对孩子行为的约束。

这个孩子的优秀，是因为家长给孩子装上了一双大手，习惯的培养、意识的建立，都是妈妈这双大手在搀扶和帮助着。

第四，要相信每个孩子都有成长点，家长要帮助孩子发现这个点。

小宇在四年级的时候我认识了他。他眼睛大大的，头发总是向上竖着，用现在的卫生评判标准来看，他是个脏孩子。大鼻涕总是挂在嘴上边，老师总怀疑他的鼻子有问题，衣服永远看不出本来的颜色。脚出奇地大，比同龄的孩子要大出三四个号。他身体健壮，很像他的妈妈。孩子家最初住的距离比较远，因此总是迟到，有的时候会迟到一节课。我和妈妈说了后，妈妈竟然把远处宽敞的三居室租了出去，到学校附近租了窄窄的一居室。妈妈说："住得近了，不迟到了，房子大小不要紧。"

孩子的数学成绩比较好，但是语文却一塌糊涂，特别是汉字，一听写，画出的圈比字还多。以前妈妈也知道，但是不知道怎么管，每次听写错了，就是打孩子的头。

成为我的学生后，有时间我就和他一起研究生字，把每个字变成一个小故事，孩子听得很高兴，错字少了那么一点点。妈妈看到了这个"巨大"的变化。在校门口拉住我的手，非要送给我一件她自己钩的毛衣坎肩："以前，孩子错字总是一堆，现在进步可大了，谢谢您！"我说："不要谢我，要谢你自己，你生了一个懂事、上进的孩子。要是每天在家里再多练几遍，会比现在更好。""行！"妈妈果断地说。

从这以后，每天听写的时候，我发现孩子的错字又少了一点点。我夸奖他，他把大鼻涕一吸溜说："我妈每天都要让我把字讲好多遍，然后给我听写，错的还要抄好多遍，不然不让睡觉。"然后憨憨地笑着说："不过不打我头了，说老师说我是好孩子，所以不打了。"

孩子的话是朴实的，我内心热热的，妈妈为了孩子做出了多大的牺牲啊！小宇进入初中后，成绩有了明显的提升，特别是理科成绩在年级进入前三甲，最后上了理想的重点高中。

孩子的进步，离不开家长的付出。我们家长的这双手，既可以打孩子的头，也可以搀扶着孩子走得更稳、更远。

# 家长是孩子作业的调控器

我很想弄明白为什么存在了一百多年的作业让家长们如此痛苦不堪呢？也许我发现的问题只是冰山一角，所以想到的方法和策略还不够全面。作业既然是孩子们学习过程中的一个拦路虎，我们就要想办法把这只老虎驯服。

妮妮上小学一年级。妮妮很喜欢她的老师，她告诉我，老师经常带她去办公室，还给她糖吃。老师会将她课上没有写完的作业带着写完。她说："我的老师比二班老师漂亮。"从妮妮的表述中，我们能感受到，妮妮对上学一点不厌烦，就连老师带她上办公室补习也当作一件很开心的事情。因为她可以得到糖，可以推断出，妮妮是爱学习的，也不是因为怕苦而不写作业。对给她布置作业的老师，不仅不排斥还很喜欢。根据儿童心理学，孩子判断一个人的美与丑，是根据自己的喜好来的。她评价老师很漂亮，甚至超过了其他班的老师，说明妮妮对自己老师有向师性。妮妮也会愿意配合老师，完成老师布置的作业。

结论：妮妮写不完作业，和态度情绪无关。

我们看妮妮的作业。第一项练习拼读语文书 56 到 57 页。56 页上半部分是一篇课文《小小的船》。妮妮读得很顺利。56 页下半页是本课的认读生字和必会生字。妮妮学习出现了障碍，很多字不认识，我让她借助拼音拼读，她拼不出来，有些韵母还发音不对。

我帮助妮妮一个一个地拼读很多遍。因为没有掌握拼读方法，所以每一个生字的拼读都超过五分钟。我是采取老师们上课的方法，借助拼读方法，引导孩子拼读，而不是我读孩子跟读，所以妮妮就更困难。妈妈说，在家的时候，她拼不出来，就直接告诉她了。

也正是因为妈妈的这种做法，尽管班里已经学习完了拼音的拼读部分，但是妮妮还没有完全掌握，每天看似拼出来了，实际是妈妈拼出来了，妮妮只是跟读。

我最后用了一个多小时才教会了妮妮这些汉字的拼读。但是妮妮已经掌握了拼读方法了吗？当然没有。

一个多小时的时间，对于一年级的妮妮来说，她已经很疲倦了。我让妮妮休息。对妈妈说："每天要陪孩子写作业多长时间？"妈妈说："从接到家就开始弄，一直到睡觉。我都快疯了，第二天还是记不住。"

我知道这样写作业妮妮肯定吃不消，妈妈也吃不消。我又问："孩子写不完作业，老师怎么处理的？"妈妈想了想说："倒是没说什么，我就是觉得不好意思，孩子拖后腿了。"

我给妈妈的建议：

**一、跟老师联系，圈出重要和必须完成的作业，分层布置作业。**

在妮妮没有完成作业的情况下。老师并没有对妮妮批评教育，说明老师知道妮妮完成作业有困难，而且事实是老师每天也在学校给妮妮补习，说明孩子不仅在家完不成作业，在校作业完成也是有困难的。老师没有一刀切，要求孩子必须完成每日的作业，所以妈妈可以就作业内容和老师沟通，请求老师给妮妮进行分层作业。

所谓分层作业，是指优化的弹性作业结构，它针对学生的学习水平层次进行分类，目的是使不同层次学生的学习得到不同程度的提高。老师在布置作业时既有与教材内容相联系的，也有脱离教材贴近生活的，主要围绕作业量和作业难度两个方面进行分层设计，通过增减作业量，提高或降低作业难度使"学困生"牢记解题思路，中等生拓宽解题思路，优等生寻找最优解题思路，使不同的学生都有相应的提升。

比如妮妮在学校可以随着大家把课文读下来，尽管很多字不认识。读课文这项作业就可以不做。妮妮的主要问题是拼音的拼读，那么就把主要的精力放在拼读上。这样有重点地写作业，才会起到巩固提升课堂知识的作用，如果每一项作业都做了，但是每一项都做得囫囵吞枣，这样反而投入了精力没有回报，也违背了教育的目的。我们是以提高学生的学习能力、促进学生的学业发展为目的，而不是以数量上的完成为目的。

二、健康是第一位的，任何收获都不要以伤害孩子的健康作为交换。

我一个专业老师，要帮助妮妮拼读一个小时，那么妈妈作为非专业人才，所用时间肯定是大于一小时的。作业是很重要，但是有没有重要到拿孩子的健康去换取呢？

我们要清楚一个概念，一个知识的学习过程可以简单地表述为：发现知识、探究知识、应用知识。

举个例子：一年级《影子》一课中要认读"影"。孩子在课文中，发现了这个特殊的好玩的字，这就是发现知识——学生用所学的识字方法认读这个影，这就是探究知识——影在课文中哪里出现了呢？我们把"影"又再次放在课文中，孩子还可以用影组词、说句子，这就是应用知识。

作业体现在哪一个环节呢？是应用知识的环节。我们认识了"影"，再次通过读课文，巩固加深对这个字的应用。我们说说这个字的组成，巩固加深这个知识，因为它会随时出现在我们的生活中，已经被我们掌握。所以应用就有应用数量和应用范围的问题，我们读一遍是应用了一遍，读两遍就是应用了两次。一次和两次到底有多大的差别呢？会有，但是，在未来的学习中我们还会再次遇到这个汉字，通过后期的学习还可以弥补。而身体健康是无法改变和弥补的。

### 三、要劳逸结合。

就如妈妈所说，孩子每天回到家就开始完成作业，一直到睡觉。我和妮妮学习的一个多小时，妮妮一直很配合，不闹也不乱动，说明妮妮已经习惯了这种长时间的学习状态。但是习惯不是最优。如果妈妈想让妮妮每天都进步大一点，就要合理地安排时间，比如学习三十五分钟让孩子休息十五分钟，劳逸结合才会效果更好。

小柏上六年级了，他妈妈非常着急，因为孩子马上就要上初中了，但是成绩像坐过山车，忽上忽下。作业更是一塌糊涂，书写潦草，错误率要超过一半。

小柏的老师很严厉，用他的话说："同学们见到老师都不敢出声。"妈妈补充道："严厉点好，这个老师是六年级刚接班的，他们班天天惹事，也就厉害的老师能够管得住。"小柏心里是惧怕老师的，不敢应付作业，害怕老师的谴责和惩罚。妈妈补充的内容，说明小柏他们班的班风并不好，六年级换老师，说明这个老师是学校的骨干力量，才会被委以重任，也说明老师有较强的责任心。

小柏的作业：数学练习册正反两页；语文听写生字词（大约十五个），预习课文，读书三遍；英语单词一个抄写四遍，四个单词，两个重点句式，读课文上传。

小柏选择先写英语作业，时间不到十五分钟，写得很快。然后看了不到三十秒的语文书，就让妈妈听写，错了三个词，每个错词写了三遍，时间三分钟，读课文用了不到十分钟。

最后一项他写的是数学。打开练习册后，没有演算纸。手里拿着笔，跷着二郎腿，读完一道题就会想上几秒钟，然后直接写出答案。四个填空，四个选择都是这样完成的。两道长方体和正方体的看图列式计算，看完图就写，没有审题过程。第一题写到一半又划掉，重新写。最后是三道解决实际问题，也是看一眼题就开始写，没有审题过程。总共用时二十分钟。

通过以上可知：

**一、孩子有统筹意识，能够合理安排时间。**

这是小柏的优点，三个学科的作业，他先做了自己最擅长的英语，因为这样暗示自己作业比较简单，可以提高写作业的效率，值得表扬。

孩子们在写作业的时候，我也建议先写容易的，再写难的。如果倒过来，由于遇到了困难，会影响孩子的情绪，降低作业的速度。

容易和难是相对而言。有些孩子善于做理科题，那他就要先做数学作业，数学作业就是容易的。有些孩子记忆力好，善于背诵，那就先把背诵的作业完成。尊重孩子的判断，但是在刚入学的时候，家长可以帮助孩子建立什么样的作业难、什么样的作业简单的概念，引导孩子从容易的作业写起。

对容易的作业的普遍理解是：数量少，机械重复，多次完成。

这样的作业投入的时间会相对短，孩子可以在很少的时间内完成多项作业，形成挑战作业的勇气。

**二、孩子更喜欢思维少的题，说明思维开发少。**

小柏做作业是以抄—默—想这个过程排序的。英语作业是抄和读，基本不用太多的思考。听写需要借助记忆力完成，但是他仅仅看了十几秒钟，说明他的记忆力很好。最后选择数学作业，说明他思维惰性很大，不愿意动脑筋。

任何事情都需要用心做，而小柏恰恰是一个不用心的孩子，所以他的学科成绩才会忽上忽下不稳定，说明他没有良好的学习态度和自我负责的态度。

**三、缺乏良好的解题习惯，态度不认真。**

他在解题的过程中，每道题都是凭空想象。这部分知识是空间与几何的相关内容，需要借助平面图形理解。他做题时既不在作业本上写思考的过程，也不借助验算本进行计算，学习态度不端正，做事不认真，缺乏良好的习惯。无论是填空，还是解决问题，审题都是眼睛一扫而过，缺乏良好的审题习惯。

最后他的数学作业错误率超过了 50%。

我给家长的建议：

**一、和数学老师取得联系，了解老师作业的要求。**

作为一名资深的数学老师，我要求学生要把思考的过程呈现出来，特别是针对小柏这样思维惰性和行为惰性较大的孩子。

不要轻视填空题和选择题。选择、填空、解决问题这三种题目只是题型的呈现方式不同，但是考点和思考的模式是一样的。既然是一样的，为什么解决问题写过程，选择填空不写呢？（除非是简单直接考概念的题。）

小柏属于逃避思考、思维比较懒惰的孩子，越是这样的孩子，越要强迫他把思考的过程呈现出来，因为他之所以出现错误，和他不愿意深入思考有关系，不呈现出来过程，就无法让他全面思考。

**二、先做数学作业，达标之后再写其他作业。**

每个孩子的情况不同，小柏不是不写作业，是自己有意筛选动脑最少的作业先写。所以他写作业很大成分是敷衍，不是深入地学习。他越是缺乏这种探究的精神，就越要让他把思考价值大的题目放在前边。

写作业的一个小时，前边的精神状态一般情况下是好于后边的。三十分钟以后，大脑已经开始疲劳，思考起来就会更加缓慢，就更不利于思维的开发。

小柏老师很严厉，姑且不去讨论这种严厉的老师好不好，至少会对小柏的学习态度有一定的威慑力，所以小柏一定会克服一切困难写完作业。如果他数学作业不写好，就不让他写后边的作业，他就会有所顾忌，而更加认真。

**三、建立作业跟踪表，逐步培养良好的学习习惯。**

小柏的作业错误过多，这种错误有他思维懒惰的原因，也有他学习态度不端正的原因，这个问题必须要改正。借助跟踪表，可以让小柏直观地看到自己每天作业对了几道错了几道，激发自主性，提高作业完成水平。

家长一定要明确一个概念，老师布置作业的目的是为了让孩子更好地掌握知识，而不是数量的堆积，所以质量是高于数量的。明确这一点后，要根据自己孩子的认知水平、接受水平、身体状态等综合因素，在配合老师教学的前提下，获得老师的协助，合理调控作业。我相信天下所有的老师，都希望看到孩子的进步和发展，在教育这条道路上，老师和家长的意见永远是统一的。

# "不会"也是作业的答案

　　我需要和各位家长明确一个观点：写作业不是一件简单的事。很多家长认为写作业对孩子来说是一件简单的事情，就是把老师讲过的内容再写一遍。这种观点是错误的。我们要清楚作业是什么，它不是简单的复制和重复。随着教育改革的推进，作业已经不再是简单意义上的抄写。那只占作业中很小的份额。作业分为预习作业和复习作业。让家长痛苦的往往是复习作业。

　　预习作业：学生预先自学将要学习的功课。从学习需要的角度看，预习是学生根据已有的知识、方法和习惯，提前学习新内容。因为每个个体是根据自己的情况完成，所以预习没有绝对标准。比如：预习作业读课文第七课三遍。孩子只要把课文读三遍就可以，至于用什么样的语气、读的过程中有什么不理解的词语这些都可以因人而异。

　　复习作业：重复学习过的内容，使之巩固。重复学习的内容，又可以分为机械性重复和思考性重复。机械性的重复作业，比如：抄词语、默写、做口算、听写单词等都属于机械性的重复。思考性重复，利用课上学习的知识解决具体问题，比如：阅读短文完成问题，解决实际问题，写作文等。

　　机械性作业存在困难的原因可能是：磨蹭、记不住、错误多。

　　思考性重复作业存在困难的原因可能是：不能够理解课堂学习的方

174

法，在具体问题上存在知识迁移的困难。在学习这个连续过程中，任何学习都是在学习者已经具有的知识经验和认知结构、已获得的动作技能、习得的态度等基础上进行的。这部分的作业出现问题更体现出学习能力的问题，而不仅仅是态度、习惯的问题。

很多家长习惯性地把孩子作业中存在的问题都用学习态度和习惯来解释。比如孩子计算错了，家长们会说："就是不认真！"而事实是吗?

举个例子来说，竖式计算 105×4。有的孩子就会把它写成：

```
    1 0 5
×       4
    4 0 2 0
```

我们发现这个孩子是没有理解 5 乘以 4 满了 2 个十，需要进位，而是把结果都写在了个位上。这是算理出现了问题。

我们再看：24×5，要求用运算定律进行简便算法计算。

有的孩子就写作：

```
      2 4
×     5
    1 2 0
```

错误理由：这是竖式计算而不是用定律的简算。家长就会说孩子不认真审题，而事实是孩子没有想到把 24 拆成 20+4，然后再利用乘法分配律进行计算。

这是孩子对简算的认识不够，不能根据题目要求判断出可以采取哪种简算方法，是知识存在盲区，而非马虎。

一方面是家长对知识框架不够了解，毕竟家长不是老师，不了解是正常的，另一方面是家长对孩子学习能力判断有误，家长都觉得自己的孩子学习这些简单的知识没有问题，所以宁愿相信是学习态度或者学习习惯的问题，也不愿意相信是学习能力的问题。所以归因的时候，就容易往客观原因上归。

很多孩子在完成作业中存在问题，让家长火急火燎，都是因为自身对知识的掌握不够准确、熟练，应用困难造成的。这其实是一种很正常的情况，一节再优秀的课，也无法让孩子们百分百学会，即使学会了也是对知识点的理解，不能做到灵活地应用，理解和应用是一对姊妹。

小蕾今年六年级，马上面临着毕业考试和升初中的压力，所以每天的作业很多，而且从老师布置的内容看，理解性作业较多。其中有一项作业很有意思：老师会根据班上学习的内容，每日给学生布置四道解决问题。这几道解决问题属于较难的题。

比如：甲、乙、丙三人合修一条路。甲、乙合修 6 天修好了全路的 1/3，乙、丙合修 2 天修好余下部分的 1/4，剩下的部分三人又合修了 5 天才完成。共得到了劳务费 3600 元，按各人完成工作量的多少分配劳务费，三人各应得多少劳务费？

这道题属于复杂分数应用题，复杂程度已经不在人教版教材学习范围内。但是可以借助课堂学习的分数解决问题的相关知识解决，它属于课堂的拓展，对于一般学生来说会有一定困难。而小蕾就属于这部分有困难的学生。

小蕾单独想了半个小时得到的答案是：

$1/3 \div 6 = 1/18$

（$1-1/3$）× $1/4 \div 2 = 1/12$

我们分析小蕾的答案，她对题目中的两个信息理解准确。一个是：甲、乙合修 6 天修好了全路的 1/3。她用 $1/3 \div 6 = 1/18$ 就是求出甲、乙合修一天修了全程的多少。

第二个信息：乙、丙合修 2 天修好余下部分的 1/4，在这里 1/4 是余下的，所以小蕾用（$1-1/3$）是求出余下的，接着乘以 1/4 就是求出修的总共是多少，然后平均分给两天。

到这里小蕾的思路都是对的，后边的信息她就理解不了了。

妈妈提示小蕾可以借助画图理解。线段图是一种很好的理解问题的方法，它可以更直观地把题目中的信息和条件展现出来，可以让我们看到各个信息之间的关系。是不是线段图对于孩子来说也是最好的手段呢？在我多年的高年级的教学过程中，对于线段图这种理解方法，愿意使用并且使用正确的学生，一个班差不多有三分之一，也就是班里理解能力较强的学生更容易使用线段图，而中等和中等以下的学生不愿意使用。画图是把数量的关系借助线条表现出来，因为孩子理解不了条件和问题之间的关系，所以把这些数据和关系呈现在线段图中对于他们就很难。

小蕾妈妈的提示并没有让小蕾画出一个正确的线段图，妈妈有点着急，不理解小蕾为什么不接受自己的意见，母女俩出现了不和谐的场面。妈妈还是在强调让小蕾画图，小蕾把线段画上却不知道怎么表示这些复杂的数据关系。

其实作为妈妈，可以依靠小蕾理解到的信息协助小蕾画出线段图。因为我们的目的是帮助孩子理解，既然我们想借助线段图理解，孩子又有困难，就人为地为孩子制造了第二个学习障碍，而画图不是这道题的题目要求，这是妈妈附加的要求。如果发现孩子有困难，家长协助孩子完成画图是可以的。

在小蕾不愿意和不会使用线段图的情况下，更好的办法是引导孩子顺着自己的思路继续思考。也就是"剩下的部分三人又合修了 5 天才完成"，这里的剩下是哪部分呢？就是去除甲、乙合修全路的 1/3 和乙、丙合修的（1−1/3）×1/4 的部分

即，1−1/3−（1−1/3）×1/4

=1−1/3−1/6

=1/2

全程的 1/2 三人一共修了 5 天，就可以推断出三个人合修一天完成

$1/2 \div 5=1/10$

到这里就是问题的第二个难点，甲乙合修一天完成 1/18，乙丙一天完成 1/12，三人合修一天完成 1/10，用（1/18+1/12）−1/10 就可以求出乙一天完成总路程的多少。再根据乙一共完成了（6+2+5）天，求出乙一共完成了总路程的多少。根据各自的工作量来分配费用的原则，3600 元的劳务费就可以按照乙完成的工作总量分配。同样可以求出甲和丙的各自费用。

这是一道比较复杂的分数问题，对于有困难的学生，独立完成的困难就会大，而家长又不是专业人士，讲起来也会有困难，孩子就更不好理解家长的意图。面对这样的作业，很容易出现家庭不和谐场面。最好的方法是什么呢？

把孩子思考的过程体现出来，能想到哪里就写到哪里。然后在题目上注明解答不出的原因——不会。

对于老师来说，布置作业的目的一个是巩固一个是拓展，重要的是看到孩子思维的提升而不是一个结果的呈现，把问题暴露出来，正是作业的作用——查漏补缺。

不会——也是一种作业答案。我在教高年级的时候，第一次布置作业就会告诉学生，如果遇到不会的就写"不会"，第一次孩子们会特别忐忑，不敢轻易地使用这个答案。直到有一个同学写了"不会"，我批阅的时候没有批评他，而且把他统计到了做完的同学内，大家才相信"不会"也是作业答案。然后在作业中出现"不会"的就开始多了，我会根据出现的频率调整我的作业难度和内容，如果频率多了，说明我的作业不符合班内大多数学生的学习状况。每次出现不会的作业，我在讲评的时候会作为重点，听讲的时候孩子们会更专心。

# 动手、动嘴也是作业形式的一种

学校的作业是由两部分组成的，一部分是以年级组为单位，整个年级统一布置的作业，一部分是各授课老师根据自己的授课需求布置的作业。

第一类年级组整体推送的作业一般具有统一性、标准性、开放性、家庭共同参与性的特点。比如，组织学生参观故宫博物院的社会实践活动前，就会以年级组为单位向学生下发活动学习单，通过一些是非判断题，让学生对故宫有一个基本的认识。再预留出一两道开放题，检测学生自我对社会实践学习的收获。如：把你最喜欢的故宫的一角画一画。

这样整体推送的作业，还会在一些重要的总结性学习中体现出来。比如：学完一个单元，整体推送习题，以便老师整体地评价学生的掌握情况，每个老师根据本班学生的完成情况，做出自己课堂教学策略的调整，促使这个年级学生的均衡发展。

再比如，为了更好地调研某个年级学生的均衡发展水平，还会结合一些事实、具体事件下发一些测查学生各学科综合学习能力的作业。如：你是如何在家里开展垃圾分类的。可以用小报、照片或者短视频的形式表达。

所以，家庭作业不再是家长们心里想的传统的完成课后练习。根据时代的发展、教育的特点，学校、老师在不断地开发家庭作业的形式，完善家庭作业的功能。也更好地利用家庭作业促进学生的全面发展，素质的综合提高。

每种作业都有自己的特点和功能。我们要培养素质高的学生，就要定位在素质培养上，而不是简单地做知识训练。

小瑞今年三年级，不仅他自己写作业认真，妈妈对孩子的作业也非常认真。每次学校下发的各项作业都能出色完成。有一次学校开展科技节的帽子展示活动，活动的内容是：制作一顶创新的、具有使用价值的帽子。

很多孩子都积极参与，有的孩子制作了行星帽，利用铁丝和电灯泡，在帽子的顶端表现出行星的位置关系，借助不同的色彩展现出每种行星的亮度，而且在走动过程中依靠自己的动能，这些行星是会闪烁的。

还有的同学利用自己学习的科学知识，解决夏天帽子太热的问题，给帽子装上自动散风器，提高了帽子的使用功能。

也有的同学就是单纯地表达自己的喜爱，把帽子做成自己喜欢的动物形象。更有别出心裁的同学，结合部队行军的军帽特点，制造出可折叠帽子。

小瑞和妈妈花了足足一个星期完成自己的帽子制作。他的帽子的亮点体现在废物的利用上。帽子叫"四季"，帽子侧面有四个面，每个面都是正方形，每一面是一个季节，用各种废旧材料表现出季节的特点，春天的桃花是妈妈不戴的粉色纱巾做的；夏天的青草是用绿色的可乐瓶子做的；秋天的树枝是用的他在小区里捡到的小树枝；冬天的雪用泡沫箱子一点点地粘上去的。

这顶帽子美观、大方、实用，而且体现了节约思想。缺点是费工。每一片花瓣都是一点点粘上的，一片片雪花不知道弄了多久。由此能看出小瑞对作业的用心，妈妈对小瑞的帮助有多大。

而全班同学并不是百分百完成了这项作业，完成率只有百分之四十。

这样陪孩子写作业才有效

这样的作业我们应该尽力去做，还是因为和学习没有直接关联可以选择性地做呢？作为老师，当然希望孩子们尽量去做，因为：

1. 任何一项作业都有自我提升的价值。教育的目的不仅仅是让学生学习知识，更是让每个学生素养提升的同时，具有解决问题的能力、承担责任的能力。知识只是我们去解决问题的一个元素，不是全部。在我漫长的教育生涯中，感到孩子处理问题的能力越来越差。我有一个学生，在小学就是大班长，学习成绩一直非常好，大学考上了重点，但是直到大一了还不能独自坐地铁回家，自己不敢独自在家。说明孩子虽有了足够的知识储备，却没有重要的能力储备。而这样开放的动手作业正好全面地开发学生的潜能，给孩子提供把知识转化为生活能力的机会。

我曾经有个学生来自加拿大，当时她六年级，很不适应我们的课程。总是老师在不停地讲，然后学生不停地写，她感觉一点自由也没有。我就问她，你们是怎么学习的呢？她说，老师会给我们一个题目，然后围绕这个题目所有的事情，就是我们自己的了。一个题目的完成，需要一个团队的协助，大家各有分工。为了得到一个 A，我们会自己查很多资料，做很多的验证，为了得到老师的认可，我们还有演示很多遍的宣讲环节。

听了她的介绍，我眼前一亮，就如她所说，我们老师在不停地讲，学生在不停地写，但是讲这么多、写这么多的目的是为了什么呢？难道仅仅是为了考试得到一个满分？知识和应用都停留在纸上，是典型的纸上谈兵。要让孩子从纸上解放出来，不仅要改变我们的课堂，也要改变我们家庭作业的形式。

站在山顶的人才能看到山的全貌，才会看得更远。这样开放性的家庭作业就是为了让更多的孩子有机会站在山顶。

2. 培养孩子良好的作业态度。我们总说态度决定一切，如果从家长这里就把作业进行了筛选，那么孩子就会对作业本身产生质疑，是不是不喜欢的作业就可以不做呢？这样的动手作业确实费时、费力，而且更费脑筋。但是有第一次的放弃，就会有后边无数次的放弃。

最初每一个孩子都会把老师的作业认真完成，慢慢地由于各种原因，成人的态度让他们对作业进行了区分对待，对作业的重视程度也慢慢地降低、减少。

我经常和孩子们说：作业完成不好，是能力问题；作业不写，是态度问题。面对能力和态度，能力差可以再训练，态度差改变起来会很难。

3. 作业是课堂的延伸和拓展。家庭作业和课堂作业不同的地方在于，课堂的空间比较小，受很多条件的限制，所能完成的非常有限。比如让孩子观察记录幼苗的生长过程，在学校做就比在家里困难。了解一下陆游的生平，需要翻阅书籍、查资料，学校工具有限，在校完成就没有在家里方便。每日练习跳绳五十个，每个孩子跳绳的速度不一样，完成的时间也不同，在学校就很难落实。老师需要家长全力配合，学校需要家的这个空间补充。

每项作业都有它的功能，作为学生要去努力完成，作为家长在思想上更要重视这些动手、动口的作业，这样不仅不会耽误孩子的学习时间，反而会提高孩子的学习效果。

# 陪孩子写作业小技巧

如果我们仅仅狭隘地把写作业定义为"写"，是不是会让孩子失去很多训练的机会呢？

很多家长在陪孩子写作业的过程中，只要是孩子遇到了不会做的题目就给孩子讲。说是讲，其实是直接告诉答案。哪些作业家长可以告知答案呢？

1. 从书本上直接提取信息的题目。

无论是数学作业，还是语文、英语作业，都有能从书本上直接找到答案的习题，孩子突然忘记了，家长是可以直接告知的。比如《项链》的作者是谁；默写《江南好》的过程中，有不会的字；什么是扇形等。这样直接描述概念的习题，都可以直接让孩子借助书籍查阅。如果不是本册书的，家长也可以帮助查阅或直接告知。

可以直接告知答案的作业的评判标准：不具有思维价值，仅具有记忆价值。

2. 重复性积累性的作业。

在英语、语文这样的学科中，积累是知识逐步丰富的重要手段。比如语文，经常会有词语的积累、古诗词的积累、好文章的积累作业。每篇课文都是由字变成词，词形成句，句形成段落，最后才形成文章。所以字词的积累就必不可少。比如文章里第一次出现了五彩缤纷这个词语，我们上课的时候除了要联系上下文理解这个词，还会结合近义词或者反义词理解这个词语，甚至用一个新的语境更深入地理解。还要用五彩缤纷造句：在这五彩缤纷的秋季，让我们每个人都去拥抱大自然吧。像这样帮助学生丰富积累的内容，家长可以直接告知。

3. 知识拓展的相关内容。

我的父亲是初中语文老师，小时候写作业的过程中，我也经常问"颜回是孔子的弟子吗？"这样的问题。

老爸就会从孔子给我讲起，再讲到孔子的三千门徒。就像讲故事一样，非常有意思，我很爱听。但是一想到自己还有一堆作业，我就会快速地打断爸爸，说："行了，知道了。"

任何一个学科的学习，都是一个循序渐进的过程，有开端没有结尾。拓宽孩子的知识面，这种告知很有意义。

什么样的问题建议家长不要直接告知，最好采取引导式的模式，借助讨论让孩子更深地理解知识，落实作业查缺补漏的功能？

1. 需要有一定的思考步骤的知识内容。

说到这点，估计很多家长脑子里迅速出现的就是数学的解决问题的题型。是的，解决问题就是学生利用掌握的数学知识解决生活的实际问题。既然是问题，我们就要思路清晰：第一步，解决什么问题？有什么条件可以供我们使用？首先要分析清楚问题和条件。第二步，用现有的条件去解决问题，也就是具体的解决策略。

很多时候，孩子遇到这类习题不会的时候，家长就会自顾自地把题目读一遍，然后自己动笔写出答案，逐步讲给孩子听。这不是真正意义上的讲解，而是告知。孩子们还很配合家长，恍然大悟回答一句："哦，我明白了！"可是换了一个条件，又不会了，家长又继续讲解。第二天同样的题，换了一个语境，孩子还是不会。家长终于爆发了："我都给你讲了多少遍了，怎么还不会呀？""笨死了！""是我生的吗？"

作为老师，客观地评价，是因为家长采取的方法有问题。我们应该这样做：先让孩子说出自己看懂了什么，然后让孩子把自己看懂的内容讲给家长听。孩子在说的过程中，就会出现说不下去的情况，这个点就是孩子的思维障碍，这个障碍就是我们需要帮助孩子解决的。解决之后再和孩子一起讨论，这个问题可以解决。

如果是低年级的孩子，可以借助实物或者学具摆一摆、摸一摸，帮他们把抽象的内容直观化。也可以用他们喜欢的方式，画出示意图。不用追求图的美观性和正确性，只要孩子自己能看懂就可以。

如果是高年级的孩子，我们不仅可以借助实物、模型，还可以借助线段、示意图等增加对题目内容的理解，在这个过程中，尽量让孩子自己画图。画得不标准、不规范，没有关系，因为我们的目的是帮助孩子理解问题。

2. 能够体现学习方法的内容。

在学习的过程中，老师也好，家长也好，除了会和孩子强调习惯的重要性，还会和孩子反复地说："你要掌握方法。"很多孩子就会困惑什么是方法？如果是行程问题，路程÷时间=速度这个公式就是方法的总结。英语中的一些固定的句式就是方法。不同老师会根据自己的经验，总结归纳出一些有针对性的解题策略，但是这些策略每个老师都会有差别，家长又没有在课堂上听，无论是小学生，还是初中生，不可能随时去做笔记。如果是上课认真的孩子，会把教师给的方法记得清清楚楚；而上课走神，对自我要求不高的孩子，就会丢三落四地听。在做作业过程中，遇到了障碍，只会向家长求助。

在高年级语文中，比较难的一种题型：结合文章的内容理解含义深刻的句子。一般这种句子都是文章所要传递的正能量、思想意识、价值观，需要透过现象看到本质。

我们以"那一刻，他懂得了再渺小的生命也有它存在的价值"为例说明。（篇幅原因，我不在这里呈现一篇文章。）从字面意思我们就知道这句话肯定和珍爱生命有关系，很多家长就会直接告诉孩子：就是在那一刻，他懂得了生命的重要性，要珍爱生命。然后家长一边说，孩子一边写。再遇到同类型的题，孩子还是不会。

　　事实上家长应该和孩子讨论他读懂了什么，是借助什么读懂的。我们圈出重点词：渺小、生命、价值，孩子的理解是建立在这几个词语的基础上的。找到句子中的关键词，并弄懂它，才是理解这句话的方法。

　　3. 需要借助更多学习手段落实的内容。

　　无论是数学问题，还是语文问题，有的时候不是单纯地画图、画批就可以完成的。比如研究卫生纸到底有多厚的问题，我们就需要对卫生纸进行测量，这就是实验法。

　　如果写一篇《我最喜欢的植物》的作文，就要让孩子对自己喜欢的植物，先观察再动笔，这就是观察法。

　　如果对比两首古诗各有什么特点，我们就要通过查阅资料，更深入地理解后才能做出判断。这就是查阅法。

　　如果计算家里一个月的水费是多少钱，就要看水表，看单据，实地考察一番，这就是调查法。

　　这样一说，家长们是不是就清楚了，不同问题是需要用不同的方法解决的。要想让每次作业都高质量完成，不仅要认真书写，更要让孩子的手、眼、耳、口都动起来，让作业也成为快乐学习的元素。

## 图书在版编目（CIP）数据

这样陪孩子写作业才有效 / 王莉著. -- 北京：作家
出版社，2022.4
ISBN 978-7-5212-1496-3

Ⅰ. ①这… Ⅱ. ①王… Ⅲ. ①家庭教育 Ⅳ. ①G78

中国版本图书馆CIP数据核字（2021）第143581号

---

## 这样陪孩子写作业才有效

作　　者：王　莉
责任编辑：郑建华　李　雯
装帧设计：BOOK DESIGN
出版发行：作家出版社有限公司
社　　址：北京农展馆南里10号　　　　邮　　编：100125
电话传真：86-10-65067186（发行中心及邮购部）
　　　　　86-10-65004079（总编室）
E-mail:zuojia@zuojia.net.cn
http://www.zuojiachubanshe.com
印　　刷：唐山嘉德印刷有限公司
成品尺寸：165×240
字　　数：168千
印　　张：12.5
版　　次：2022年4月第1版
印　　次：2022年4月第1次印刷
ISBN　978-7-5212-1496-3
定　　价：42.00元

---